[改訂版]
# 簿記トレーニング

志村　正
石田晴美 [著]
新井立夫

創成社

# まえがき | PREFACE

　本書はトレーニング・シリーズの一冊である。簿記の学習にはとくにトレーニングという言葉が当てはまるだろう。問題を読んで，計算して，書いて覚える，という繰り返しが大切だからである。

　簿記は帳簿記録の略称といわれる。企業や組織の日々の出来事（経済事象）を一定のルールによって要約的に記録する技術である。それが技術であるからこそ，暗記ではなく，身体で覚える必要があるのである。このことは，運動選手の例を考えれば容易に理解できるであろう。運動選手はスポーツについて書かれている本や雑誌を読むだけでうまくなったり技術を磨いたりすることはできない。やはり，身体を動かしてやってみることが欠かせない。だからこそ，基本を毎日練習するのである。

　以上の意味において，本書は簿記技術の基礎を体得するのに必要な練習問題を豊富に収めている。そして，この書をトレーニングし終えるときには，日商簿記検定3級に合格するだけの能力を培っていることになろう。毎日の積み重ねが力になっていくのが簿記である。

　各章に学習上のポイントをまとめている。といっても，これはあくまでもその章の要点を挙げているだけであり，詳しい解説については姉妹書の拙著『簿記基本書』（創成社）を参照してもらいたい。本書は問題集という位置づけである。

　また，「簿記の基本は仕訳である」というポリシーのもとで，本書の総まとめとして「**仕訳問題**」の章を設けている。仕訳のコツをこれによってつかみ，いわゆる簿記を身体で覚えるのに役立つことであろう。さらに，「**総合問題**」の章では，日商簿記検定3級を想定した模擬問題を掲げておいた。各自の総合力を確かめるうえで役立ててもらいたい。なお，問題の末尾に付している（**第○回類題**）とは，日本商工会議所主催の簿記検定3級過去問題の類題であることを示している。

　本書は主に大学の簿記演習用として準備されているとはいえ，簿記の知識を身につけて実務に役立てたいと望んでいるビジネスパーソンや簿記検定の資格を目指す方々にも使用してもらいたいと願っている。

　最後に，本書の企画を提案したときに喜んで支援し出版に同意してくださった創成社出版部の廣田喜昭氏には大変お世話になった。ここに心よりお礼申し上げたい。

平成22年3月

著者を代表して

志　村　　　正

# 改訂にあたって

　(複式) 簿記の歴史は500年以上といわれている。現代は技術や経済環境が日進月歩の勢いで変化している。それに応じて新しい技法や概念，システムなどが考え出されている。旧いものが新しいものに取って代わっているのである。そうした中にあって，簿記の技術，その基盤となっている構造やルールは依然として不変であり，変化を許さない。簿記の構造やルールは容易には変化しない。今日使用できたものが明日は時代遅れになることはない。しっかりとその構造を理解し，その知識を身につけることは物事の見方や考え方に影響を与え，生活を豊かなものにするにちがいない。そして，将来にわたって活用できるものである。

　さて，本書を出版してから早くも5年近く経過する。その間，本書を授業等で使用するにつれて，いくつかの不備な点が見い出された。誤字や脱字のほかにも，授業を進めて行くに当たって章の入れ替えの必要が生じてきた。改訂版を出版するに至った主な理由はここにある。この改訂によって，授業や学習が進めやすくなったと確信している。本書での学習が読者の皆さんのより一層の簿記理解に役立つことを願っている。

　最後に今回の改訂作業でお世話になった創成社出版部の西田　徹氏に感謝申し上げたい。

平成27年9月

著者一同

# 目 次 | CONTENTS

まえがき
改訂にあたって

第 1 章　簿記のしくみ —————————————————————— 1
第 2 章　取引の要素分解 ———————————————————— 9
第 3 章　記録のルール，仕訳と転記 —————————————— 19
第 4 章　試算表の作成 ————————————————————— 31
第 5 章　商品売買取引の記録 —————————————————— 42
第 6 章　現金・預金取引の記録 ————————————————— 60
第 7 章　掛け取引の記録 ———————————————————— 75
第 8 章　手形取引の記録 ———————————————————— 84
第 9 章　有価証券取引の記録 —————————————————— 92
第10章　その他の取引の記録 —————————————————— 96
第11章　伝票と帳簿組織 ———————————————————— 106
第12章　決算（売上原価の計算と処理）————————————— 112
第13章　決算（現金過不足，有価証券評価，消耗品の処理）—— 118
第14章　決算（減価償却，固定資産の売却）—————————— 123
第15章　決算（貸倒引当金）—————————————————— 129
第16章　決算（費用・収益の見越し・繰り延べ）———————— 134
第17章　試算表・精算表の作成 ————————————————— 142
第18章　仕訳問題 ——————————————————————— 156
第19章　総合問題 ——————————————————————— 177

# 第1章　簿記のしくみ

― ポイント ―

〈簿記とは〉

　簿記は帳簿記録の技術である。企業で発生する，お金やモノの動きを帳簿に記録して，整理・集計して報告するしくみである。お金やモノの動きを「取引」という。取引が帳簿記録の対象となるが，お金やモノが動かないものは（簿記上の）取引とはならない。たとえば，商品の注文を受けただけでは取引とはならない。一方，店舗が焼失したり，商品が盗まれたというのは取引になる。

　簿記の流れを示すと，次図のようになる。

〈財務諸表〉

　通常，決算書と呼ばれる企業の成績表が財務諸表である。この財務諸表には，貸借対照表と損益計算書などがある。

　貸借対照表は，一定時点の財政状態を表示したもので，企業の資金を調達源泉と使途運用という二面的に見たものである。それによって，左側（簿記では「借方」という）と右側（「貸方」という）に区分して表示する。使途運用面が「資産」，調達源泉面のうち，債権者からの調達を「負債」，株主からの調達を「純資産」という。

　損益計算書は，一定期間の経営成績を表示したもので，いわゆる利益が計算される。

(1) 貸借対照表

　借方の「資産」は一般には財産と呼ばれるもので，現金，預金，売掛金（商品代金の未収額），貸付金，商品，建物，土地などがある。貸方の「負債」は支払期限がある，いわゆる借金で，買掛金（商品代金の未払額），借入金などが含まれる。「純資産」は株主からの出資金である資本金，利益の積立額などが含まれる。

## (2) 損益計算書

貸方の「収益」はいわゆるもうけであり、商品売買益、（売上）、受取利息、受取配当金などが含まれる。借方の「費用」は収益を上げるために費やした経費で、（仕入）、給料、旅費交通費、通信費、支払家賃、広告費、雑費、支払利息など多数が含まれる。

貸借対照表と損益計算書には、次のような関係がある。つまり、当期間中の純資産の増加額が純利益で、その明細が損益計算書に表示される。

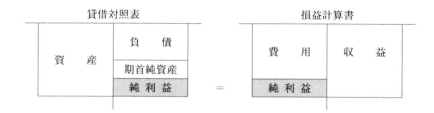

以上から、純利益は次の2つの方法によって算定されることになる。
① 純利益＝収益－費用（これを「損益法」という）
② 純利益＝期末純資産－期首純資産（これを「財産法」という）

## 設問1

次の文章の ☐ に適当な語句を入れて、文章を完成させなさい。

1. 簿記（bookkeeping）とは、☐ 記録の技術であり、一定のルールによって組織的・秩序的に企業の経済事象を ☐ に記録し、決算書を作成する技術である。
2. 簿記の対象は経済事象であり、これを ☐ という。
3. 複式簿記は取引を ☐ に把握する方法である。
4. 企業の決算書は簿記の最終成果物であり、正式には ☐ と呼ばれる。
5. 株主などの外部の人々に報告することを目的とする会計分野を ☐ 会計という。
6. 次は簿記の流れを簡略的に示したものである。

取引 →測定・記録→ ☐ →集計・決算→ 財務諸表

### 設問2

次の事象（出来事）のうち，簿記上の取引となるものには「○」，取引とならないものには「×」をつけなさい。

1. （　）今月分の給料を支給した。
2. （　）商品の注文を受けつけた。
3. （　）自社の倉庫が焼失した。
4. （　）店舗の賃貸借契約をし，手付け金を支払った。
5. （　）備品を購入し，代金は月末に支払う。

### 設問3

次の文章の □ に適当な語句を入れて，文章を完成させなさい。

1. 貸借対照表は一定時点における企業の □ を表示したものである。
2. 損益計算書は一定期間の企業の □ を表示したものである。
3. 貸借対照表は企業の資金を2つの観点から表示している。1つは資金の運用，つまり資金をどのような形で所有しているかを表す □ と，もう1つは資金の調達，つまりどこから資金を集めたのか表す □ と □ がある。前者は株主から集めた資金で返済義務がない。後者は債権者から集めた資金で返済義務を負う。
4. 商品を掛けで売り上げたときの未収額は □ と呼ばれる。
5. 資産が¥558,000，負債が¥322,000のとき，純資産は¥ □ である。
6. 営業活動の結果獲得された成果が □ であり，資産の □ を伴う。この成果を上げるために費やした犠牲（努力）が □ であり，資産の □ を伴う。
7. 純利益を期末純資産と期首純資産の差額，つまり純資産の純増加額で計算する方法は □ 法と呼ばれる。

### 設問4

次の項目について，**資産**であればA，**負債**であればB，**純資産**であればC，**費用**であればD，**収益**であればEを（　）に記入しなさい。

買　掛　金（　　）　　給　　　料（　　）　　現　　　金（　　）
資　本　金（　　）　　支 払 利 息（　　）　　受 取 利 息（　　）
通　信　費（　　）　　建　　　物（　　）　　預　　　金（　　）
借　入　金（　　）　　商品売買益（　　）　　売　掛　金（　　）
商　　　品（　　）

## 設問 5

貸借対照表と損益計算書との関係を示した図である。aとbに入る語句を答えなさい。

a. _____　　b. _____

## 設問 6

次の表の空欄に適当な数値を入れなさい。

|   | 期末資産 | 期末負債 | 期首純資産 | 期末純資産 | 費　用 | 収　益 | 純利益 |
|---|---|---|---|---|---|---|---|
| ① | 128,500 | 85,000 | 39,000 | 43,500 | 22,000 | 26,500 | 4,500 |
| ② | 735,700 | 283,700 | 358,400 | 452,000 | 364,600 | 458,200 | 93,600 |
| ③ | 785,600 | 367,500 | 444,300 | 418,100 | 176,200 | 150,000 | △26,200 |

（△は純損失を表す）

## 設問 7

ヨコハマ商事（株）の平成○年1月1日～平成○年12月31日における財政状態と経営成績のデータに基づいて，貸借対照表と損益計算書を作成しなさい。（単位：円）

| | | | |
|---|---|---|---|
| 貸　付　金 | 50,000 | 水道光熱費 | 10,800 |
| 給　　　料 | 228,000 | 商　　　品 | 88,000 |
| 商品売買益 | 421,000 | 支 払 家 賃 | 58,500 |
| 借　入　金 | 80,000 | 支払保険料 | 15,000 |
| 現　　　金 | 85,000 | 買　掛　金 | 126,100 |
| 広　告　費 | 45,000 | 銀 行 預 金 | 150,000 |
| 建　　　物 | 220,000 | 受 取 利 息 | 12,500 |
| 支 払 利 息 | 18,000 | 資　本　金 | 700,000 |
| 土　　　地 | 250,000 | 売　掛　金 | 121,300 |

ヨコハマ商事（株）

貸 借 対 照 表

平成〇年 12 月 31 日　　　　　　　　（単位：円）

| 資　産 | 金　額 | 負債および純資産 | 金　額 |
|---|---|---|---|
|  |  |  |  |
|  |  |  |  |
|  |  | 純　利　益 |  |
|  |  |  |  |
|  |  |  |  |
| 合　計 |  | 合　計 |  |

ヨコハマ商事（株）

損 益 計 算 書

平成〇年 1 月 1 日～平成〇年 12 月 31 日　　　　　　（単位：円）

| 費　用 | 金　額 | 収　益 | 金　額 |
|---|---|---|---|
|  |  |  |  |
|  |  |  |  |
|  |  |  |  |
|  |  |  |  |
| 純　利　益 |  |  |  |
| 合　計 |  | 合　計 |  |

# 第1章 簿記のしくみ ── 解 答

## 解答1

1. 簿記（bookkeeping）とは，|帳簿|記録の技術であり，一定のルールによって組織的・秩序的に企業の経済事象を|帳簿|に記録し，決算書を作成する技術である。
2. 簿記の対象は経済事象であり，これを|取引|という。
3. 複式簿記は取引を|二面的|に把握する方法である。
4. 企業の決算書は簿記の最終成果物であり，正式には|財務諸表|と呼ばれる。
5. 株主などの外部の人々に報告することを目的とする会計分野を|財務|会計という。
6.

## 解答2

「簿記上の取引」は，企業の財産に影響を与える事象である。つまり，その事象（出来事）が企業の財産を増やしたり減らしたりするものであれば，「簿記上の取引」となる。下図は「簿記上の取引」と「通常の取引」との関係を示したものである。

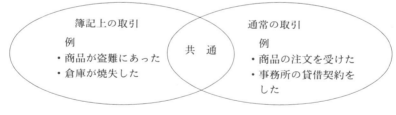

1.（○）　2.（×）　3.（○）　4.（○）　5.（○）

4.については，「店舗の賃貸借契約を行った」だけであれば，「簿記上の取引」とはならないが，手付け金を支払っているので「簿記上の取引」となる。

## 解答3

1. 貸借対照表は一定時点における企業の|財政状態|を表示したものである。
2. 損益計算書は一定期間の企業の|経営成績|を表示したものである。
3. 貸借対照表は企業の資金を2つの観点から表示している。1つは資金の運用，つまり資金をどのような形で所有しているかを表す|資産|と，もう1つは資金の調達，つまりどこから資金を集めたのか表す|純資産|と|負債|がある。前者は株主から集めた資金で返済義務がない。後者は債権者から集めた資金で返済義務を負う。

4．商品を掛けで売り上げたときの未収額は 売掛金 と呼ばれる。
5．資産が￥558,000，負債が￥322,000のとき，純資産は￥ 236,000 である。
6．営業活動の結果獲得された成果が 収益 であり，資産の 増加 を伴う。この成果を上げるために費やした犠牲（努力）が 費用 であり，資産の 減少 を伴う。
7．純利益を期末純資産と期首純資産の差額，つまり純資産の純増加額で計算する方法は 財産 法と呼ばれる。

## 解答 4

買　掛　金（ B ）　　給　　　料（ D ）　　現　　　金（ A ）
資　本　金（ C ）　　支　払　利　息（ D ）　　受　取　利　息（ E ）
通　信　費（ D ）　　建　　　物（ A ）　　預　　　金（ A ）
借　入　金（ B ）　　商品売買益（ E ）　　売　掛　金（ A ）
商　　　品（ A ）

まとめると，各々には次のような項目が含まれる。

資　産……現金，預金，売掛金，受取手形，商品，有価証券，建物，備品，未収金，土地，特許権など。
負　債……買掛金，借入金，支払手形，社債など。
純資産……資本金，○○積立金など。
費　用……給料，旅費交通費，支払家賃，通信費，消耗品費，広告費，支払利息など。
収　益……商品売買益，受取利息，受取手数料，固定資産売却益など。

## 解答 5

　　a．期末純資産　　　　b．期首純資産

貸借対照表と損益計算書は次のような関係が描ける。

| （期末）貸借対照表 | | 損益計算書 | |
|---|---|---|---|
| 期末資産 | 期末負債 | 費用 | 収益 |
| | 期末純資産　期首純資産　純利益 | 純利益 | |

## 解答6

「解答5」の図表や要点整理の計算式を用いると，次のような結果になる。

|   | 期末資産 | 期末負債 | 期首純資産 | 期末純資産 | 費　用 | 収　益 | 純　利　益 |
|---|---|---|---|---|---|---|---|
| ① | 128,500 | 85,000 | **39,000** | **43,500** | 22,000 | **26,500** | 4,500 |
| ② | **735,700** | 283,700 | 358,400 | 452,000 | **364,600** | 458,200 | 93,600 |
| ③ | 785,600 | **341,300** | 470,500 | 444,300 | 176,200 | 150,000 | △26,200 |

次の公式から上記の解答を導くことができる。

・純利益＝期末純資産－期首純資産
・期末純資産＝期末資産－期末負債
・純利益＝収益－費用

ただし，最初の公式が成り立つのは，期中に追加元入れ（増資）や払い戻し（減資）がない場合である。

## 解答7

ヨコハマ商事（株）

### 貸 借 対 照 表
平成○年12月31日　　　　　　　　　　（単位：円）

| 資　　　産 | 金　　額 | 負債および純資産 | 金　　額 |
|---|---|---|---|
| 現　　　　　金 | 85,000 | 買　掛　金 | 126,100 |
| 銀　行　預　金 | 150,000 | 借　入　金 | 80,000 |
| 売　掛　　　金 | 121,300 | 資　本　金 | 700,000 |
| 商　　　　　品 | 88,000 | 純　利　益 | 58,200 |
| 貸　付　　　金 | 50,000 |  |  |
| 土　　　　　地 | 250,000 |  |  |
| 建　　　　　物 | 220,000 |  |  |
| 合　　　　　計 | 964,300 | 合　　　計 | 964,300 |

ヨコハマ商事（株）

### 損 益 計 算 書
平成○年1月1日～平成○年12月31日　　　　（単位：円）

| 費　　　用 | 金　　額 | 収　　益 | 金　　額 |
|---|---|---|---|
| 給　　　　料 | 228,000 | 商　品　売　買　益 | 421,000 |
| 支　払　家　賃 | 58,500 | 受　取　利　息 | 12,500 |
| 支　払　保　険　料 | 15,000 |  |  |
| 水　道　光　熱　費 | 10,800 |  |  |
| 広　　告　　費 | 45,000 |  |  |
| 支　払　利　息 | 18,000 |  |  |
| 純　利　益 | 58,200 |  |  |
| 合　　　　計 | 433,500 | 合　　　計 | 433,500 |

解答に当たっては，配列の順序は問わない。

# 第2章　取引の要素分解

---
**―ポイント―**

〈簿記上の取引とは〉
　簿記では，資産・負債・純資産（資本）を増減させたり収益・費用を発生させることがらを**取引**という。日常の用語と異なる部分があるので注意する必要がある。

〈取引の二面性〉
　企業が行う取引には，どの取引にも必ず2つの面が含まれている。これを，簿記では，**取引の二面性**という。

〈勘定の意味〉
　簿記上の取引が生じたら，資産・負債・純資産の増減や，収益・費用の発生を記録する。この場合の記録・計算の単位を**勘定**（account；a/c）という。

　勘定の記録形式は左右に区分され，左側を借方，右側を貸方という。この借方・貸方に一定の法則で取引の記録を行うのである。
　現金勘定を例にとると，現金の増加（入金）は左側，現金の減少（出金）は右側に書くことで，これを表す。

|(借方)|現　金|(貸方)|
|---|---|---|
|増　加<br>（入　金）|減　少<br>（出　金）||

　なお，学習上は略式の勘定を用いるが，これを**Ｔ字勘定**または**Ｔフォーム**という。

〈勘定の種類と勘定科目〉
　勘定は，資産・負債・純資産・収益・費用の5つの要素に大別されるが，取引を帳簿に記入するには，細分して詳しい記録をしなければならない。これらの細分した各勘定の名称を

**勘定科目**という。たとえば，資産の勘定を現金勘定，商品勘定，備品勘定などの勘定科目に細分する。

### 〈取引の8要素と結合関係〉

取引に含まれている取引要素は，全部で8つあり，勘定の記入法と深くかかわっている。

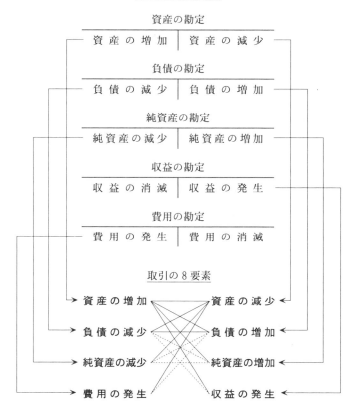

### 〈貸借平均の原理〉

1つの取引から，ある勘定の借方に記入された金額は，必ず他の勘定の貸方にも記入される金額と一致する。これを**貸借平均の原理**という。

したがって，すべての勘定の記録を集めると，借方の合計金額と貸方の合計金額は等しくなる。

すべての勘定の借方合計金額 ＝ すべての勘定の貸方合計金額

## 設問 1

次の文の（　）の中に，増加・減少・発生・消滅・借方・貸方の適切な用語を入れなさい。

1．資産の勘定は，借方に（　　　），貸方に（　　　）を記入する。
2．負債の勘定は，借方に（　　　），貸方に（　　　）を記入する。
3．純資産の勘定は，借方に（　　　），貸方に（　　　）を記入する。
4．費用の勘定は，発生を（　　　）に記入する。
5．収益の勘定は，発生を（　　　）に記入する。

## 設問 2

次の左側（借方）の取引要素と結合できる右側（貸方）の取引要素はどれか。示しなさい。

1．資産の増加　　ア．資産の減少
　　　　　　　　イ．収益の発生
　　　　　　　　ウ．負債の減少

2．負債の減少　　ア．負債の増加
　　　　　　　　イ．資産の増加
　　　　　　　　ウ．費用の発生

## 設問 3

次の勘定科目は，資産・負債・純資産および費用・収益のいずれに属すか記入しなさい。

1．資本金　　　　2．建　物　　　　3．雑　費　　　　4．商　品　　　　5．借入金
6．受取手数料　　7．支払利息　　　8．買掛金　　　　9．備　品　　　10．貸付金
11．支払家賃　　12．給　料　　　13．売掛金　　　14．広告料　　　15．商品売買益
16．車両運搬具　17．未収金　　　18．前払金　　　19．未払金　　　20．前受金

| 資 産 | | 負 債 | | 純資産 | |
|---|---|---|---|---|---|
| 費 用 | | 収 益 | | | |

## 設問 4

次の勘定口座の（　）の中に，増加，減少または発生の用語を入れなさい。

| 現　　金 | 売　掛　金 | 貸　付　金 |
|---|---|---|
| （　）｜（　） | （　）｜（　） | （　）｜（　） |

| 商　　品 | 備　　品 | 車両運搬具 |
|---|---|---|
| （　）｜（　） | （　）｜（　） | （　）｜（　） |

| 建　　物 | 土　　地 | 未　収　金 |
|---|---|---|
| （　）｜（　） | （　）｜（　） | （　）｜（　） |

| 前　払　金 | 買　掛　金 | 借　入　金 |
|---|---|---|
| （　）｜（　） | （　）｜（　） | （　）｜（　） |

| 未　払　金 | 前　受　金 | 資　本　金 |
|---|---|---|
| （　）｜（　） | （　）｜（　） | （　）｜（　） |

| 給　　料 | 広　告　料 | 支払家賃 |
|---|---|---|
| （　）｜ | （　）｜ | （　）｜ |

| 水道光熱費 | 支払利息 | 雑　　費 |
|---|---|---|
| （　）｜ | （　）｜ | （　）｜ |

| 商品売買益 | 受取手数料 | 受取利息 |
|---|---|---|
| ｜（　） | ｜（　） | ｜（　） |

| 受取家賃 | 固定資産売却益 | 雑　　益 |
|---|---|---|
| ｜（　） | ｜（　） | ｜（　） |

| 仕　　入 | 売　　上 |
|---|---|
| （　）｜ | ｜（　） |

| 資産の勘定 | 負債の勘定 | 純資産の勘定 |
|---|---|---|
| ｜（　） | ｜（　） | ｜（　） |

| 収益の勘定 | 費用の勘定 |
|---|---|
| ｜（　） | （　）｜ |

## 設問 5

次のことがらを，勘定口座に記入しなさい（記号と金額のみを記入すること）。

例レ．資本金￥200,000の増加

　ア．借　入　金　￥100,000の増加　　　イ．現　　　金　￥250,000の増加
　ウ．受取手数料　￥ 10,000の発生　　　エ．借　入　金　￥100,000の減少
　オ．売　掛　金　￥ 80,000の増加　　　カ．支　払　家　賃　￥ 30,000の発生
　キ．現　　　金　￥ 70,000の減少　　　ク．売　掛　金　￥ 40,000の減少
　ケ．商　　　品　￥150,000の増加　　　コ．買　掛　金　￥180,000の増加
　サ．商　　　品　￥ 20,000の減少　　　シ．商品売買益　￥ 40,000の発生
　ス．買　掛　金　￥ 10,000の減少　　　セ．資　本　金　￥ 50,000の減少

総 勘 定 元 帳

| 現　金　1 | 売　掛　金　2 | 商　品　3 |
|---|---|---|
| | | |

| 買　掛　金　4 | 借　入　金　5 | 資　本　金　6 |
|---|---|---|
| | | 例レ．200,000 |

| 商品売買益　7 | 受取手数料　8 | 支　払　家　賃　9 |
|---|---|---|
| | | |

## 設問 6

次の取引は，どのような取引要素の結合関係から成り立っているか。選択群の中から適切な組み合わせのものを選び（　）の中に記入しなさい。

1．現金￥1,000,000を出資して営業を開始した。　　　　　　　　　　　（　　）
2．備品￥200,000を購入し，代金は現金で支払った。　　　　　　　　　（　　）
3．買掛金￥50,000を現金で支払った。　　　　　　　　　　　　　　　（　　）
4．商品￥150,000を仕入れ，代金は掛けとした。（分記法）　　　　　　（　　）
5．給料￥100,000を現金で支払った。　　　　　　　　　　　　　　　　（　　）
6．手数料￥30,000を現金で受け取った。　　　　　　　　　　　　　　（　　）

　　　ア．資産の増加　―　資産の減少　　　イ．資産の増加　―　負債の増加
　　　ウ．負債の減少　―　資産の減少　　　エ．資産の増加　―　純資産の増加
　　　オ．費用の発生　―　資産の減少　　　カ．資産の増加　―　収益の発生

## 設問 7

次の取引について，取引要素の結合関係を例にならって記入しなさい。

［例］現金￥1,000,000を元入れして開業した。

1. 商品￥700,000を仕入れ，代金は現金で支払った。（分記法）
2. 商品￥350,000を仕入れ，代金は掛けとした。（分記法）
3. 商品￥200,000（原価￥180,000）を売り渡し，代金は掛けとした。（分記法）
4. 備品￥180,000を買い入れ，代金は後払いとした。
5. 銀行から￥700,000を借り入れ，利息￥30,000を差し引かれ残額を現金で受け取った。
6. 商品￥190,000を仕入れ，代金のうち￥100,000は，現金で支払い，残額は掛けとした。（分記法）
7. 貸付金に対する利息￥60,000を現金で受け取った。
8. 買掛金￥160,000を現金で支払った。
9. 従業員の給料￥150,000を現金で支払った。
10. 現金￥300,000を貸しつけた。

|   | 借方要素 | 貸方要素 |
|---|---|---|
| 例 | 資産（現金）の増加　￥1,000,000 | 純資産（資本金）の増加　￥1,000,000 |
| 1 | | |
| 2 | | |
| 3 | | |
| 4 | | |
| 5 | | |
| 6 | | |
| 7 | | |
| 8 | | |
| 9 | | |
| 10 | | |

## 設問8

次の取引を勘定口座に記入しなさい（日付と金額を記入すること）。
また，借方合計金額と貸方合計金額を計算しなさい。

3月1日　現金￥3,000,000を元入れして開業した。
　　2日　備品￥350,000を買い入れ，代金は現金で支払った。
　　5日　商品￥500,000を仕入れ，代金は，掛けとした。（分記法）
　　7日　商品￥370,000（原価￥300,000）を売り渡し，代金は掛けとした。（分記法）
　　9日　商品￥580,000を仕入れ，代金は現金で支払った。（分記法）
　　11日　商品￥280,000（原価￥260,000）を売り渡し，代金のうち￥180,000は，現金で受け取り，残額は掛けとした。（分記法）
　　20日　買掛金の一部￥150,000を現金で支払った。
　　24日　売掛金の一部￥400,000を現金で受け取った。
　　25日　従業員の給料￥200,000を現金で支払った。
　　30日　雑費￥50,000を現金で支払った。

総　勘　定　元　帳

| 現　金　　1 | 売　掛　金　　2 |
|---|---|
| | |

| | 商　　品　　3 |
|---|---|
| | |

| 備　品　　4 | 買　掛　金　　5 |
|---|---|
| | |

| 資　本　金　　6 | 商品売買益　　7 |
|---|---|
| | |

| 給　料　　8 | 雑　費　　9 |
|---|---|
| | |

| 借方合計金額 | ￥ | 貸方合計金額 | ￥ |
|---|---|---|---|

# 第2章　取引の要素分解 ── 解　答

## 解答1

1．資産の勘定は，借方に（ 増加 ），貸方に（ 減少 ）を記入する。
2．負債の勘定は，借方に（ 減少 ），貸方に（ 増加 ）を記入する。
3．純資産の勘定は，借方に（ 減少 ），貸方に（ 増加 ）を記入する。
4．費用の勘定は，発生を（ 借方 ）に記入する。
5．収益の勘定は，発生を（ 貸方 ）に記入する。

## 解答2

1．ア．イ．
2．ア．

## 解答3

| 資　産 | 2.4.9.10.13.16.17.18. | 負　債 | 5.8.19.20. | 純資産 | 1. |
|---|---|---|---|---|---|
| 費　用 | 3.7.11.12.14. | 収　益 | 6.15. | | |

## 解答4

| 現　　金 | | 売　掛　金 | | 貸　付　金 | |
|---|---|---|---|---|---|
| （ 増 加 ） | （ 減 少 ） | （ 増 加 ） | （ 減 少 ） | （ 増 加 ） | （ 減 少 ） |

| 商　　品 | | 備　　品 | | 車両運搬具 | |
|---|---|---|---|---|---|
| （ 増 加 ） | （ 減 少 ） | （ 増 加 ） | （ 減 少 ） | （ 増 加 ） | （ 減 少 ） |

| 建　　物 | | 土　　地 | | 未　収　金 | |
|---|---|---|---|---|---|
| （ 増 加 ） | （ 減 少 ） | （ 増 加 ） | （ 減 少 ） | （ 増 加 ） | （ 減 少 ） |

| 前　払　金 | | 買　掛　金 | | 借　入　金 | |
|---|---|---|---|---|---|
| （ 増 加 ） | （ 減 少 ） | （ 減 少 ） | （ 増 加 ） | （ 減 少 ） | （ 増 加 ） |

| 未　払　金 | | 前　受　金 | | 資　本　金 | |
|---|---|---|---|---|---|
| （ 減 少 ） | （ 増 加 ） | （ 減 少 ） | （ 増 加 ） | （ 減 少 ） | （ 増 加 ） |

| 給　　料 | | 広　告　料 | | 支払家賃 | |
|---|---|---|---|---|---|
| （ 発 生 ） | | （ 発 生 ） | | （ 発 生 ） | |

第2章 取引の要素分解　17

| 水道光熱費 | | 支払利息 | | 雑　費 | |
|---|---|---|---|---|---|
| （発　生） | | （発　生） | | （発　生） | |

| 商品売買益 | | 受取手数料 | | 受取利息 | |
|---|---|---|---|---|---|
| | （発　生） | | （発　生） | | （発　生） |

| 受取家賃 | | 固定資産売却益 | | 雑　益 | |
|---|---|---|---|---|---|
| | （発　生） | | （発　生） | | （発　生） |

| 仕　入 | | 売　上 | |
|---|---|---|---|
| （発　生） | | | （発　生） |

| 資産の勘定 | | 負債の勘定 | | 純資産の勘定 | |
|---|---|---|---|---|---|
| | （減　少） | | （増　加） | | （増　加） |

| 収益の勘定 | | 費用の勘定 | |
|---|---|---|---|
| | （発　生） | （発　生） | |

## 解答 5

| 現　金　　1 | | 売掛金　　2 | | 商　品　　3 | |
|---|---|---|---|---|---|
| イ．250,000 | キ．70,000 | オ．80,000 | ク．40,000 | ケ．150,000 | サ．20,000 |

| 買掛金　　4 | | 借入金　　5 | | 資本金　　6 | |
|---|---|---|---|---|---|
| ス．10,000 | コ．180,000 | エ．100,000 | ア．100,000 | セ．50,000 | 例レ．200,000 |

| 商品売買益　　7 | | 受取手数料　　8 | | 支払家賃　　9 | |
|---|---|---|---|---|---|
| | シ．40,000 | | ウ．10,000 | カ．30,000 | |

## 解答 6

1．（エ），2．（ア），3．（ウ），4．（イ），5．（オ），6．（カ）

## 解答7

| | 借方要素 | | 貸方要素 | |
|---|---|---|---|---|
| 例 | 資 産（現　金）の増加 | ¥ 1,000,000 | 純資産（資本金）の増加 | ¥ 1,000,000 |
| 1 | 資 産（商　品）の増加 | ¥ 700,000 | 資 産（現　金）の減少 | ¥ 700,000 |
| 2 | 資 産（商　品）の増加 | ¥ 350,000 | 負 債（買掛金）の増加 | ¥ 350,000 |
| 3 | 資 産（売掛金）の増加 | ¥ 200,000 | 資 産（商　品）の減少 | ¥ 180,000 |
| | | | 収 益（商品売買益）の発生 | ¥ 20,000 |
| 4 | 資 産（備　品）の増加 | ¥ 180,000 | 負 債（未払金）の増加 | ¥ 180,000 |
| 5 | 資 産（現　金）の増加 | ¥ 670,000 | 負 債（借入金）の増加 | ¥ 700,000 |
| | 費 用（支払利息）の発生 | ¥ 30,000 | | |
| 6 | 資 産（商　品）の増加 | ¥ 190,000 | 資 産（現　金）の減少 | ¥ 100,000 |
| | | | 負 債（買掛金）の増加 | ¥ 90,000 |
| 7 | 資 産（現　金）の増加 | ¥ 60,000 | 収 益（受取利息）の発生 | ¥ 60,000 |
| 8 | 負 債（買掛金）の減少 | ¥ 160,000 | 資 産（現　金）の減少 | ¥ 160,000 |
| 9 | 費 用（給　料）の発生 | ¥ 150,000 | 資 産（現　金）の減少 | ¥ 150,000 |
| 10 | 資 産（貸付金）の増加 | ¥ 300,000 | 資 産（現　金）の減少 | ¥ 300,000 |

## 解答8

| | 現　金　　　　1 | | | | | 売　掛　金　　　　2 | | |
|---|---|---|---|---|---|---|---|---|
| 3/1 | 3,000,000 | 3/2 | 350,000 | | 3/7 | 370,000 | 3/24 | 400,000 |
| 11 | 180,000 | 9 | 580,000 | | 11 | 100,000 | | |
| 24 | 400,000 | 20 | 150,000 | | | 商　　品　　　　3 | | |
| | | 25 | 200,000 | | 3/5 | 500,000 | 3/7 | 300,000 |
| | | 30 | 50,000 | | 9 | 580,000 | 11 | 260,000 |

| | 備　品　　　　4 | | | | | 買　掛　金　　　　5 | | |
|---|---|---|---|---|---|---|---|---|
| 3/2 | 350,000 | | | | 3/20 | 150,000 | 3/5 | 500,000 |

| | 資　本　金　　　　6 | | | | | 商品売買益　　　　7 | | |
|---|---|---|---|---|---|---|---|---|
| | | 3/1 | 3,000,000 | | | | 3/7 | 70,000 |
| | | | | | | | 11 | 20,000 |

| | 給　料　　　　8 | | | | | 雑　費　　　　9 | | |
|---|---|---|---|---|---|---|---|---|
| 3/25 | 200,000 | | | | 3/30 | 50,000 | | |

| 借方合計金額 | ¥ 5,880,000 | 貸方合計金額 | ¥ 5,880,000 |
|---|---|---|---|

# 第3章 記録のルール，仕訳と転記

## ポイント

### 〈仕訳の仕方〉

仕訳は，次の手順に従って行う。

(1) 5要素の選択

発生した取引が5要素（資産，負債，純資産，収益，費用）のうちどれに関係する取引かを判断し選択する。

(2) 借方と貸方の決定（増減の判断）

(1)で選択した5要素の増減を判断する。その結果，借方要素と貸方要素の結びつきが決まる。取引は，借方要素と貸方要素の結びつきにより整理できるので，慣れないうちは，8要素の組み合わせの図で確認するとよい。

(3) 勘定口座の借方・貸方への記入

勘定口座に記入するために具体的な勘定科目を決め，借方要素の勘定の借方と貸方要素の勘定の貸方に金額を定めて，記入する。

※仕訳フォームは，次のとおりである。

(借方) 勘定科目名　×××　　(貸方) 勘定科目名　×××

### 〈勘定記録のルール〉

勘定記録には，下図のとおり一定のルールがある。この勘定記録のルールは，前章の取引の8要素の組み合わせと一致している。

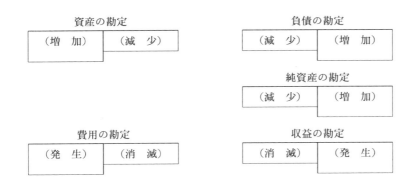

### 〈仕訳帳（Journal）と総勘定元帳（General Ledger）〉

すべての取引を発生した順番に，その仕訳を記入する帳簿を**仕訳帳**という。すべての勘定口座を集めた帳簿を**総勘定元帳**（または**元帳**）という。仕訳帳に記入した取引は，総勘定元

帳に転記される。仕訳帳と総勘定元帳は，すべての取引を記入する重要な帳簿であるため，主要簿という。

## 【仕訳帳】

仕　訳　帳　　　　　　　　　1

| 平成○年 | | 摘　　　　　要 | | 元丁 | 借　方 | 貸　方 |
|---|---|---|---|---|---|---|
| 4 | 1 | ⓐ　諸　　口 | （資　本　金） | 25 | | 3,000,000 |
| | | （現　　金） | | 1 | 2,000,000 | |
| | | （建　　物） | | 4 | 1,000,000 | |
| | | ⓑ　元入れして開業 | | | | |
| | 2 | （商　　品） | 諸　　口 | 5 | 500,000 | |
| | | | （現　　金） | 1 | | 300,000 |
| | | | （買　掛　金） | 16 | | 200,000 |
| | | ○○商店より仕入れ | | | | |
| ① | | ② | | ③ | ④ | ⑤ |

① 日付欄→取引の日付を記入する
② 摘要欄→中央から左側に借方科目，右側に貸方科目を記入する。
　ⓐ　借方または貸方の勘定科目が2つ以上の場合は，その上の行に「諸口（しょくち）」と記入する。
　ⓑ　小書き→取引の内容を簡単に記入する。
③ 元丁欄→転記したときに，その勘定口座のページ数（口座番号）を記入する。
④⑤ 借方欄・貸方欄→借方欄には仕訳の借方科目の金額を，貸方欄には仕訳の貸方科目の金額を勘定科目を記入したのと同じ行に記入する。

## 【総勘定元帳】

総　勘　定　元　帳

**標準式**

現　　金　　　　　　　　　1

| 平成○年 | | 摘　　要 | 仕丁 | 借　方 | 平成○年 | | 摘　　要 | 仕丁 | 貸　方 |
|---|---|---|---|---|---|---|---|---|---|
| 4 | 1 | 資　本　金 | 1 | 2,000,000 | 4 | 2 | 商　　品 | 1 | 300,000 |
| ① | | ② | ③ | ④ | ① | | ② | ③ | ④ |

**残高式**

現　　金　　　　　　　　　1

| 平成○年 | | 摘　　要 | 仕丁 | 借　方 | 貸　方 | 借／貸 | 残　高 |
|---|---|---|---|---|---|---|---|
| 4 | 1 | 資　本　金 | 1 | 2,000,000 | | 借 | 2,000,000 |
| | 2 | 商　　品 | 〃 | | 300,000 | 〃 | 1,700,000 |
| | | | | | | ⑤ | ⑥ |

① 日付欄→取引の日付を記入する。
② 摘要欄→相手勘定科目を記入する。
③ 仕丁欄→仕訳帳のページ数を記入する。
④ 借方欄・貸方欄→借方欄には仕訳の借方金額を，貸方欄には貸方金額を記入する。
　　勘定口座記入は標準式と残高式があるが，実務では残高式を用いることが多い。
⑤ 残高が借方か貸方かを記入する。
⑥ 残高（借方合計と貸方合計との差額）を記入する。

## 設問1

次の取引の仕訳をして，勘定口座に転記しなさい（日付と金額のみを記入こと）。

4月1日　現金￥2,000,000を元入れして開業した。

| (借方) | (貸方) |
|---|---|
| 現　　金　　　　1 | 資　本　金　　　　7 |

4月4日　備品￥500,000を買い入れ，代金は現金で支払った。

| (借方) | (貸方) |
|---|---|
| 備　　品　　　　4 | 現　　金　　　　1 |

4月7日　商品￥800,000を仕入れ，代金は掛けとした。（分記法）

| (借方) | (貸方) |
|---|---|
| 商　　品　　　　3 | 買　掛　金　　　　5 |

4月10日　商品￥350,000（原価￥300,000）を売り渡し，代金は掛けとした。（分記法）

| (借方) | (貸方) |
|---|---|
| 売　掛　金　　　　2 | 商　　品　　　　3 |
| | 商品売買益　　　　8 |

4月13日　銀行から￥600,000を借り入れ，利息￥20,000を差し引かれ残額を現金で受け取った。

| (借方) | (貸方) |
|---|---|
| 現　　金　　　　1 | 借　入　金　　　　6 |
| 支　払　利　息　　　　9 | |

## 設問 2

次の取引の仕訳をして，勘定口座に転記をしなさい（日付と金額のみを記入すること）。

6月1日　現金￥2,500,000と商品￥500,000を元入れして開業した。
　　5日　備品￥400,000を買い入れ，代金は現金で支払った。
　　9日　商品￥1,000,000を仕入れ，代金のうち￥300,000は現金で支払い，残額は掛けとした。（分記法）
　　11日　営業用乗用車￥900,000を購入し，代金は現金で支払った。
　　13日　商品￥150,000（原価￥120,000）を売り渡し，代金は掛けとした。（分記法）
　　15日　銀行から現金￥1,000,000を借り入れた。
　　16日　6月分の家賃￥70,000を現金で支払った。
　　19日　従業員に6月分の給料￥200,000を現金で支払った。
　　20日　6月分の電気代￥50,000を現金で支払った。
　　22日　商品￥500,000（原価￥450,000）を売り渡し，代金は掛けとした。（分記法）
　　25日　買掛金の一部￥250,000を現金で支払った。

総 勘 定 元 帳

| 現　金　　　1 | 売 掛 金　　　2 |
|---|---|
| | |
| | 商　　品　　　3 |
| | |
| | 車両運搬具　　　5 |
| 備　品　　　4 | 買 掛 金　　　6 |
| 借 入 金　　　7 | 資 本 金　　　8 |
| 給　料　　　10 | 商品売買益　　　9 |
| 支 払 家 賃　　　11 | 水道光熱費　　　12 |

## 設問 3

次の取引の仕訳をしなさい。

7月1日　現金￥3,000,000と建物￥2,500,000を元入れして開業した。
　　2日　机・いす等の備品￥500,000を買い入れ，代金は現金で支払った。
　　5日　商品￥200,000を仕入れ，代金は掛けとした。（分記法）
　　6日　銀行から現金￥500,000を借り入れた。
　　9日　商品￥210,000（原価￥150,000）を売り渡し，代金のうち￥100,000は，現金で受け取り，残額は掛けとした。（分記法）
　　13日　商品￥250,000を仕入れ，代金は現金で支払った。（分記法）
　　17日　商品￥270,000（原価￥190,000）を売り渡し，代金は現金で受け取った。（分記法）
　　19日　商品￥280,000を仕入れ，代金のうち￥150,000は，現金で支払い，残額は掛けとした。（分記法）
　　21日　商品売買の仲介を行い，手数料￥50,000を現金で受け取った。
　　25日　従業員に本月分の給料￥250,000を現金で支払った。
　　26日　借入金￥500,000を利息￥3,000とともに現金で返済した。
　　28日　売掛金の一部￥50,000を現金で受け取った。
　　29日　買掛金の一部￥150,000を現金で支払った。
　　30日　営業諸雑費￥8,000を現金で支払った。
　　31日　地代￥20,000を現金で支払った。

|  | 借 方 | 貸 方 |
|---|---|---|
| 7／1 | | |
| 2 | | |
| 5 | | |
| 6 | | |
| 9 | | |
| 13 | | |
| 17 | | |
| 19 | | |
| 21 | | |
| 25 | | |
| 26 | | |
| 28 | | |
| 29 | | |
| 30 | | |
| 31 | | |

## 設問 4

次の取引を仕訳帳に記入しなさい。ただし，元丁欄は記入しなくてもよい。

8月1日　現金¥1,000,000と備品¥500,000を元入れして開業した。

　8日　湘南商店から商品¥400,000を仕入れ，代金のうち¥100,000は現金で支払い，残額は掛けとした。（分記法）

　15日　茅ヶ崎銀行から¥300,000を借り入れ，利息¥10,000を差し引かれた手取金は現金で受け取った。

　20日　越谷商店に商品¥90,000（原価¥70,000）を売り渡し，代金のうち¥60,000は現金で受け取り，残額は掛けとした。（分記法）

仕　訳　帳　　　　1

| 平成○年 | | 摘　　要 | 元丁 | 借　方 | 貸　方 |
|---|---|---|---|---|---|
| 8 | 1 | （　　　） | | | |
| | | （　　　） | | | |
| | | （　　　） | | | |
| | | 元入れして開業 | | | |
| | 8 | （　　　） | | | |
| | | 　　　（　　　） | | | |
| | | 　　　（　　　） | | | |
| | 15 | （　　　） | | | |
| | | （　　　） | | | |
| | | （　　　） | | | |
| | 20 | | | | |
| | | （　　　） | | | |
| | | （　　　） | | | |
| | | 　　　（　　　） | | | |
| | | 　　　（　　　） | | | |

## 設問5

次の取引を仕訳帳に記入して，勘定口座（残高式）に転記しなさい。ただし，仕訳帳の摘要欄の小書きは省略すること。

9月1日　現金¥300,000を元入れして，営業をはじめた。
　10日　商品¥80,000を仕入れ代金のうち¥5,000は現金で支払い，残額は掛けとした。
　15日　越谷商店に，商品¥50,000（原価¥40,000）を売り渡し，代金は掛けとした。

### 仕訳帳　　1

| 平成○年 | 摘要 | 元丁 | 借方 | 貸方 |
|---|---|---|---|---|
| 9/1 | （現　金） | 1 | 300,000 | |
| | 　　　（資 本 金） | 5 | | 300,000 |
| 10 | （商　品） | 3 | 80,000 | |
| | 　　　（現　　金） | 1 | | 5,000 |
| | 　　　（買 掛 金） | 4 | | 75,000 |
| 15 | （売 掛 金） | 2 | 50,000 | |
| | 　　　（商　　品） | 3 | | 40,000 |
| | 　　　（商品売買益） | 6 | | 10,000 |

### 総勘定元帳

#### 現　金　　1

| 平成○年 | 摘要 | 仕丁 | 借方 | 貸方 | 借/貸 | 残高 |
|---|---|---|---|---|---|---|
| 9/1 | 資本金 | 1 | 300,000 | | 借 | 300,000 |
| 10 | 商品 | 1 | | 5,000 | 借 | 295,000 |

#### 売 掛 金　　2

| 平成○年 | 摘要 | 仕丁 | 借方 | 貸方 | 借/貸 | 残高 |
|---|---|---|---|---|---|---|
| 9/15 | 諸口 | 1 | 50,000 | | 借 | 50,000 |

#### 商　品　　3

| 平成○年 | 摘要 | 仕丁 | 借方 | 貸方 | 借/貸 | 残高 |
|---|---|---|---|---|---|---|
| 9/10 | 諸口 | 1 | 80,000 | | 借 | 80,000 |
| 15 | 売掛金 | 1 | | 40,000 | 借 | 40,000 |

#### 買 掛 金　　4

| 平成○年 | 摘要 | 仕丁 | 借方 | 貸方 | 借/貸 | 残高 |
|---|---|---|---|---|---|---|
| 9/10 | 商品 | 1 | | 75,000 | 貸 | 75,000 |

#### 資 本 金　　5

| 平成○年 | 摘要 | 仕丁 | 借方 | 貸方 | 借/貸 | 残高 |
|---|---|---|---|---|---|---|
| 9/1 | 現金 | 1 | | 300,000 | 貸 | 300,000 |

#### 商品売買益　　6

| 平成○年 | 摘要 | 仕丁 | 借方 | 貸方 | 借/貸 | 残高 |
|---|---|---|---|---|---|---|
| 9/15 | 売掛金 | 1 | | 10,000 | 貸 | 10,000 |

# 第3章 記録のルール，仕訳と転記 ── 解 答

## 解答1

| | | | | | | |
|---|---|---|---|---|---|---|
| 4月1日 | （借方） 現　　金 | 2,000,000 | | （貸方） 資　本　金 | 2,000,000 | |

```
          現　　金         1                      資　本　金         7
4/1   2,000,000  │                                           │ 4/1   2,000,000
```

4月4日　（借方）備　　品　500,000　　（貸方）現　　金　500,000

```
          備　　品         4                        現　　金         1
4/4     500,000  │                                           │ 4/4     500,000
```

4月7日　（借方）商　　品　800,000　　（貸方）買　掛　金　800,000

```
          商　　品         3                        買　掛　金       5
4/7     800,000  │                                           │ 4/7     800,000
```

4月10日　（借方）売　掛　金　350,000　　（貸方）商　　品　　300,000
　　　　　　　　　　　　　　　　　　　　　　　　商品売買益　　50,000

```
          売　掛　金       2                        商　　品         3
4/10    350,000  │                                           │ 4/10    300,000

                                                   商品売買益        8
                                                           │ 4/10     50,000
```

4月13日　（借方）現　　金　580,000　　（貸方）借　入　金　600,000
　　　　　　　　　支払利息　 20,000

```
          現　　金         1                        借　入　金       6
4/13    580,000  │                                           │ 4/13    600,000

          支払利息         9
4/13     20,000  │
```

## 解答2

### 総 勘 定 元 帳

```
              現　　金            1                      売　掛　金          2
6/1   2,500,000 │ 6/5    400,000        6/13    150,000 │
 15   1,000,000 │  9     300,000         22     500,000 │
                │ 11     900,000
                │ 16      70,000                商　　品            3
                │ 19     200,000        6/1     500,000 │ 6/13    120,000
                │ 20      50,000         9    1,000,000 │  22     450,000
                │ 25     250,000
                                                車両運搬具          5
                                        6/11    900,000 │
```

|  備　　品　　　　　　4 |  | 買　掛　金　　　　　　6 |
|---|---|---|
| 6/5　400,000 |  | 6/25　250,000　｜　6/9　700,000 |

|  借　入　金　　　　　　7 |  | 資　本　金　　　　　　8 |
|---|---|---|
| ｜　6/15　1,000,000 |  | ｜　6/1　3,000,000 |

|  給　　料　　　　　　10 |  | 商品売買益　　　　　　9 |
|---|---|---|
| 6/19　200,000 |  | ｜　6/13　30,000 |
|  |  | ｜　22　50,000 |

|  支払家賃　　　　　　11 |  | 水道光熱費　　　　　　12 |
|---|---|---|
| 6/16　70,000 |  | 6/20　50,000 |

## 解答 3

| | 借　　方 | | 貸　　方 | |
|---|---|---|---|---|
| 7／1 | 現　　　金 | 3,000,000 | 資　本　金 | 5,500,000 |
|  | 建　　　物 | 2,500,000 |  |  |
| 2 | 備　　　品 | 500,000 | 現　　　金 | 500,000 |
| 5 | 商　　　品 | 200,000 | 買　掛　金 | 200,000 |
| 6 | 現　　　金 | 500,000 | 借　入　金 | 500,000 |
| 9 | 現　　　金 | 100,000 | 商　　　品 | 150,000 |
|  | 売　掛　金 | 110,000 | 商品売買益 | 60,000 |
| 13 | 商　　　品 | 250,000 | 現　　　金 | 250,000 |
| 17 | 現　　　金 | 270,000 | 商　　　品 | 190,000 |
|  |  |  | 商品売買益 | 80,000 |
| 19 | 商　　　品 | 280,000 | 現　　　金 | 150,000 |
|  |  |  | 買　掛　金 | 130,000 |
| 21 | 現　　　金 | 50,000 | 受取手数料 | 50,000 |
| 25 | 給　　　料 | 250,000 | 現　　　金 | 250,000 |
| 26 | 借　入　金 | 500,000 | 現　　　金 | 503,000 |
|  | 支　払　利　息 | 3,000 |  |  |
| 28 | 現　　　金 | 50,000 | 売　掛　金 | 50,000 |
| 29 | 買　掛　金 | 150,000 | 現　　　金 | 150,000 |
| 30 | 雑　　　費 | 8,000 | 現　　　金 | 8,000 |
| 31 | 支　払　地　代 | 20,000 | 現　　　金 | 20,000 |

## 解答 4

仕　訳　帳                                          1

| 平成○年 | | 摘　　要 | 元丁 | 借　方 | 貸　方 |
|---|---|---|---|---|---|
| 8 | 1 | 諸　　口　（資　本　金） | | | 1,500,000 |
| | | （現　　金） | | 1,000,000 | |
| | | （備　　品） | | 500,000 | |
| | | 元入れして開業 | | | |
| | 8 | （商　　品）　諸　　口 | | 400,000 | |
| | | 　　　　　　（現　　金） | | | 100,000 |
| | | 　　　　　　（買　掛　金） | | | 300,000 |
| | | 湘南商店から商品を仕入れ | | | |
| | 15 | 諸　　口　（借　入　金） | | | 300,000 |
| | | （現　　金） | | 290,000 | |
| | | （支　払　利　息） | | 10,000 | |
| | | 茅ヶ崎銀行から借り入れ | | | |
| | 20 | 諸　　口　　諸　　口 | | | |
| | | （現　　金） | | 60,000 | |
| | | （売　掛　金） | | 30,000 | |
| | | 　　　　　　（商　　品） | | | 70,000 |
| | | 　　　　　　（商品売買益） | | | 20,000 |
| | | 越谷商店に商品を売り渡し | | | |

## 解答 5

仕　訳　帳                                          1

| 平成○年 | | 摘　　要 | 元丁 | 借　方 | 貸　方 |
|---|---|---|---|---|---|
| 9 | 1 | （現　　金） | 1 | 300,000 | |
| | | 　　　　　　（資　本　金） | 5 | | 300,000 |
| | 10 | （商　　品）　諸　　口 | 3 | 80,000 | |
| | | 　　　　　　（現　　金） | 1 | | 5,000 |
| | | 　　　　　　（買　掛　金） | 4 | | 75,000 |
| | 15 | （売　掛　金）　諸　　口 | 2 | 50,000 | |
| | | 　　　　　　（商　　品） | 3 | | 40,000 |
| | | 　　　　　　（商品売買益） | 6 | | 10,000 |

総勘定元帳

### 現　金　　　　　　　　　　1

| 平成○年 | | 摘　　要 | 仕丁 | 借　方 | 貸　方 | 借/貸 | 残　高 |
|---|---|---|---|---|---|---|---|
| 9 | 1 | 資　本　金 | 1 | 300,000 | | 借 | 300,000 |
| | 10 | 商　　品 | 〃 | | 5,000 | 〃 | 295,000 |

### 売　掛　金　　　　　　　　　　2

| 9 | 15 | 諸　　口 | 1 | 50,000 | | 借 | 50,000 |

### 商　品　　　　　　　　　　3

| 9 | 10 | 諸　　口 | 1 | 80,000 | | 借 | 80,000 |
| | 15 | 売　掛　金 | 〃 | | 40,000 | 〃 | 40,000 |

### 買　掛　金　　　　　　　　　　4

| 9 | 10 | 商　　品 | 1 | | 75,000 | 貸 | 75,000 |

### 資　本　金　　　　　　　　　　5

| 9 | 1 | 現　　金 | 1 | | 300,000 | 貸 | 300,000 |

### 商品売買益　　　　　　　　　　6

| 9 | 15 | 売　掛　金 | 1 | | 10,000 | 貸 | 10,000 |

# 第4章　試算表の作成

---

**― ポイント ―**

〈試算表（Trial Balance：T／B）とは〉

　取引が仕訳帳から総勘定元帳に正しく転記されているかを確認するために作成される表が試算表である。試算表作成の必要性は，勘定記入（仕訳→転記）が正しく行われたかどうかを検証する目的で作成され，営業活動の概要を知ることもでき，財務諸表作成の基礎となる。

〈試算表の種類〉

1. **合計試算表**……すべての勘定の借方合計と貸方合計を集計して作成する。
　　　　　　　　　合計試算表の合計額は仕訳帳の合計額と一致する。

2. **残高試算表**……すべての勘定の残高を集計して作成する。
　　　　　　　　　資産および費用の勘定は借方に残高が生じ，負債・純資産および収益の勘定は貸方に残高が生じる。決算時に予備手続きとして作成される。

> 　期末資産　　＋　　費用総額　　＝　　期末負債　　＋　　期首資本　　＋　　収益総額
> （資産の残高）　（費用の発生額）　　　（負債の残高）　（元入れした資本金）　（収益発生額）

3. **合計残高試算表**……合計試算表と残高試算表を1つの表にまとめたものである。

〈貸借平均の原理〉

　簿記上の取引は，仕訳を通じて必ずある勘定の借方と貸方に記入されている。つまり，1つの取引で借方に記入された金額と貸方に記入された金額は必ず等しく記入される。したがって，一定期間ですべての勘定の借方に記入された金額の合計と貸方に記入された金額の合計額は，必ず一致する。これは「**貸借平均の原理**」が作用しているからである。試算表は，この貸借平均の原理を利用して，元帳記入の正否を確かめるものである。

〈試算表では発見できない誤り〉

　試算表の検証能力は，貸借平均の原理の枠を逸脱すれば発揮されるが，その枠内の誤り（たとえば，勘定科目名の誤りなど）は発見することができないので，絶対的なものではない。

## 〈試算表の例〉

### 総勘定元帳

```
     現    金    1              売 掛 金    2              商    品    3
  500,000 | 200,000        170,000 | 170,000         190,000 | 100,000
  170,000 | 100,000        380,000 |                 400,000 | 300,000

     備    品    4              買 掛 金    5              資 本 金    6
  190,000 |                         | 190,000                 | 500,000
                                    | 400,000

   商品売買益    7              給    料    8              雑    費    9
          |  50,000         60,000 |                  30,000 |
          |  80,000
```

(現金勘定の借方合計)　　　合 計 残 高 試 算 表　　　(現金勘定の貸方合計)
平成○年1月31日

| 借 方 | | 元丁 | 勘定科目 | 貸 方 | |
|---|---|---|---|---|---|
| 残 高 | 合 計 | | | 合 計 | 残 高 |
| 370,000 | 670,000 | 1 | 現　　　金 | 300,000 | |
| 380,000 | 550,000 | 2 | 売　掛　金 | 170,000 | |
| 190,000 | 590,000 | 3 | 商　　　品 | 400,000 | |
| 190,000 | 190,000 | 4 | 備　　　品 | | |
| | | 5 | 買　掛　金 | 590,000 | 590,000 |
| | | 6 | 資　本　金 | 500,000 | 500,000 |
| | | 7 | 商品売買益 | 130,000 | 130,000 |
| 60,000 | 60,000 | 8 | 給　　　料 | | |
| 30,000 | 30,000 | 9 | 雑　　　費 | | |
| 1,220,000 | 2,090,000 | | | 2,090,000 | 1,220,000 |

# 設問 1

次の勘定口座の記録から，合計試算表，残高試算表，合計残高試算表を作成しなさい。

## 総勘定元帳

```
    現    金    1          売 掛 金    2          商    品    3
500,000 |  50,000       200,000 | 150,000      370,000 | 170,000
150,000 |  30,000
        | 130,000          買 掛 金    4          資 本 金    5
        |  10,000        30,000 |  50,000              | 500,000
        |  20,000
                           商品売買益   6          支払家賃    7
                                  | 200,000      60,000 |
```

## 合 計 試 算 表
平成○年1月31日

| 借　方 | 元丁 | 勘定科目 | 貸　方 |
|---:|:---:|:---|---:|
| 650,000 | 1 | 現　　金 | 240,000 |
| 200,000 | 2 | 売 掛 金 | 150,000 |
| 370,000 | 3 | 商　　品 | 170,000 |
| 30,000 | 4 | 買 掛 金 | 50,000 |
|  | 5 | 資 本 金 | 500,000 |
|  | 6 | 商品売買益 | 200,000 |
| 60,000 | 7 | 支払家賃 |  |
| 1,310,000 |  |  | 1,310,000 |

## 残 高 試 算 表
平成○年1月31日

| 借　方 | 元丁 | 勘定科目 | 貸　方 |
|---:|:---:|:---|---:|
| 410,000 | 1 | 現　　金 |  |
| 50,000 | 2 | 売 掛 金 |  |
| 200,000 | 3 | 商　　品 |  |
|  | 4 | 買 掛 金 | 20,000 |
|  | 5 | 資 本 金 | 500,000 |
|  | 6 | 商品売買益 | 200,000 |
| 60,000 | 7 | 支払家賃 |  |
| 720,000 |  |  | 720,000 |

## 合 計 残 高 試 算 表
平成○年1月31日

| 借　方 残高 | 借　方 合計 | 元丁 | 勘定科目 | 貸　方 合計 | 貸　方 残高 |
|---:|---:|:---:|:---|---:|---:|
| 410,000 | 650,000 | 1 | 現　　金 | 240,000 |  |
| 50,000 | 200,000 | 2 | 売 掛 金 | 150,000 |  |
| 200,000 | 370,000 | 3 | 商　　品 | 170,000 |  |
|  | 30,000 | 4 | 買 掛 金 | 50,000 | 20,000 |
|  |  | 5 | 資 本 金 | 500,000 | 500,000 |
|  |  | 6 | 商品売買益 | 200,000 | 200,000 |
| 60,000 | 60,000 | 7 | 支払家賃 |  |  |
| 720,000 | 1,310,000 |  |  | 1,310,000 | 720,000 |

## 設問 2

次の取引を勘定口座に記入し（日付・金額のみ），合計残高試算表を作成しなさい。20日までの記入は合計額で示してある（商品に関する勘定は分記法による）。

### 取　引

2月21日　商品￥300,000を仕入れ，代金は掛けとした。
　22日　商品￥350,000（原価￥300,000）を売り渡し，代金は掛けとした。
　23日　買掛金のうち￥150,000を現金で支払った。
　24日　借入金￥200,000を現金で返済した。
　25日　雑費￥90,000を現金で支払った。
　26日　売掛金の一部￥250,000を現金で回収した。
　27日　商品￥250,000（原価￥200,000）を売り渡し，代金は現金で受け取った。

### 総　勘　定　元　帳

| 現　　金　　1 | | 売　掛　金　　2 | |
|---|---|---|---|
| 1,450,000 | 590,000 | 1,554,000 | 1,010,000 |

| 商　　品　　3 | |
|---|---|
| 1,950,000 | 980,000 |

| 買　掛　金　　4 | | 借　入　金　　5 | |
|---|---|---|---|
| 500,000 | 1,200,000 | | 510,000 |

| 資　本　金　　6 | | 商品売買益　　7 | |
|---|---|---|---|
| | 1,000,000 | | 350,000 |

| 受取手数料　　8 | |
|---|---|
| | 74,000 |

| 給　　料　　9 | |
|---|---|
| 190,000 | |

| 雑　　費　　10 | |
|---|---|
| 70,000 | |

合 計 残 高 試 算 表
平成○年2月28日

| 借方 | | 元丁 | 勘定科目 | 貸方 | |
|---|---|---|---|---|---|
| 残高 | 合計 | | | 合計 | 残高 |
| | | | | | |

## 設問 3

次の事柄のうち，試算表によって誤りを発見できるものを選びなさい。
1．現金勘定の借方に転記すべきものを，現金勘定の貸方に転記した。
2．売掛金勘定の借方に転記すべき金額を買掛金勘定の借方に記入した。
3．給料勘定の借方に¥110,000と転記すべきものを，¥101,000と転記した。
4．ある取引の仕訳について，借方のみ転記して，貸方の転記するのを忘れた。
5．ある取引について，仕訳帳にまったく記入しなかった。

## 設問 4

次の取引について，仕訳帳に記入して総勘定元帳（標準式）に転記し，月末に合計残高試算表を作成しなさい（仕訳帳の小書きは省略して，締め切らなくてもよい）。

取　引　（商品に関する勘定は分記法による）

3月1日　現金¥1,500,000と備品¥250,000を元入れして開業した。
　　3日　商品¥800,000を仕入れ，代金は掛けとした。
　　10日　商品¥400,000（原価¥300,000）を売り渡し，代金は掛けとした。
　　15日　営業費¥260,000を現金で支払った。
　　25日　買掛金のうち，¥500,000を現金で支払った。
　　31日　売掛金¥200,000を現金で受け取った。

## 仕　訳　帳　　　　　　　　　　　　　　　1

| 平成○年 | 摘　　要 | 元丁 | 借　方 | 貸　方 |
|---|---|---|---|---|
| | | | | |

## 総　勘　定　元　帳
### 現　金　　　　　　　　　　1

| 平成○年 | 摘　要 | 仕丁 | 借　方 | 平成○年 | 摘　要 | 仕丁 | 貸　方 |
|---|---|---|---|---|---|---|---|
| | | | | | | | |

### 売　掛　金　　　　　　　　2

| | | | | | | | |
|---|---|---|---|---|---|---|---|
| | | | | | | | |

### 商　品　　　　　　　　　　3

| | | | | | | | |
|---|---|---|---|---|---|---|---|
| | | | | | | | |

### 備　品　　　　　　　　　　4

| | | | | | | | |
|---|---|---|---|---|---|---|---|
| | | | | | | | |

### 買　掛　金　　　　　　　　5

| | | | | | | | |
|---|---|---|---|---|---|---|---|
| | | | | | | | |

### 資　本　金　　　　　　　　6

| | | | | | | | |
|---|---|---|---|---|---|---|---|
| | | | | | | | |

|  |  |  | 商品売買益 |  |  |  | 7 |
|---|---|---|---|---|---|---|---|
|  |  |  |  |  |  |  |  |

|  |  |  | 営　業　費 |  |  |  | 8 |
|---|---|---|---|---|---|---|---|
|  |  |  |  |  |  |  |  |

## 合 計 残 高 試 算 表
平成〇年 3 月 31 日

| 借 方 || 元丁 | 勘定科目 | 貸 方 ||
|---|---|---|---|---|---|
| 残　高 | 合　計 | | | 合　計 | 残　高 |
|  |  |  |  |  |  |
|  |  |  |  |  |  |
|  |  |  |  |  |  |
|  |  |  |  |  |  |
|  |  |  |  |  |  |
|  |  |  |  |  |  |
|  |  |  |  |  |  |
|  |  |  |  |  |  |
|  |  |  |  |  |  |

# 第4章 試算表の作成 ── 解 答

## 解答1

### 合計試算表
平成〇年1月31日

| 借方 | 元丁 | 勘定科目 | 貸方 |
|---:|:---:|:---|---:|
| 650,000 | 1 | 現　　　金 | 240,000 |
| 200,000 | 2 | 売　掛　金 | 150,000 |
| 370,000 | 3 | 商　　　品 | 170,000 |
| 30,000 | 4 | 買　掛　金 | 50,000 |
|  | 5 | 資　本　金 | 500,000 |
|  | 6 | 商品売買益 | 200,000 |
| 60,000 | 7 | 支　払　家　賃 |  |
| 1,310,000 |  |  | 1,310,000 |

### 残高試算表
平成〇年1月31日

| 借方 | 元丁 | 勘定科目 | 貸方 |
|---:|:---:|:---|---:|
| 410,000 | 1 | 現　　　金 |  |
| 50,000 | 2 | 売　掛　金 |  |
| 200,000 | 3 | 商　　　品 |  |
|  | 4 | 買　掛　金 | 20,000 |
|  | 5 | 資　本　金 | 500,000 |
|  | 6 | 商品売買益 | 200,000 |
| 60,000 | 7 | 支　払　家　賃 |  |
| 720,000 |  |  | 720,000 |

### 合計残高試算表
平成〇年1月31日

| 借方 残高 | 借方 合計 | 元丁 | 勘定科目 | 貸方 合計 | 貸方 残高 |
|---:|---:|:---:|:---|---:|---:|
| 410,000 | 650,000 | 1 | 現　　　金 | 240,000 |  |
| 50,000 | 200,000 | 2 | 売　掛　金 | 150,000 |  |
| 200,000 | 370,000 | 3 | 商　　　品 | 170,000 |  |
|  | 30,000 | 4 | 買　掛　金 | 50,000 | 20,000 |
|  |  | 5 | 資　本　金 | 500,000 | 500,000 |
|  |  | 6 | 商品売買益 | 200,000 | 200,000 |
| 60,000 | 60,000 | 7 | 支　払　家　賃 |  |  |
| 720,000 | 1,310,000 |  |  | 1,310,000 | 720,000 |

## 解答2

### 総勘定元帳

**現　金　　1**

|  |  |  |  |
|---|---:|---|---:|
|  | 1,450,000 |  | 590,000 |
| 2/26 | 250,000 | 2/23 | 150,000 |
| 27 | 250,000 | 24 | 200,000 |
|  |  | 25 | 90,000 |

**売　掛　金　　2**

|  |  |  |  |
|---|---:|---|---:|
|  | 1,554,000 |  | 1,010,000 |
| 2/22 | 350,000 | 2/26 | 250,000 |

**商　品　　3**

|  |  |  |  |
|---|---:|---|---:|
|  | 1,950,000 |  | 980,000 |
| 2/21 | 300,000 | 2/22 | 300,000 |
|  |  | 27 | 200,000 |

**買　掛　金　　4**

|  |  |  |  |
|---|---:|---|---:|
|  | 500,000 |  | 1,200,000 |
| 2/23 | 150,000 | 2/21 | 300,000 |

**借　入　金　　5**

|  |  |  |  |
|---|---:|---|---:|
| 2/24 | 200,000 |  | 510,000 |

**資　本　金　　6**

|  |  |  |  |
|---|---:|---|---:|
|  |  |  | 1,000,000 |

**商品売買益　　7**

|  |  |  |  |
|---|---:|---|---:|
|  |  |  | 350,000 |
|  |  | 2/22 | 50,000 |
|  |  | 27 | 50,000 |

**受取手数料　　8**

|  |  |  |  |
|---|---:|---|---:|
|  |  |  | 74,000 |

**給　料　　9**

|  |  |  |  |
|---|---:|---|---:|
|  | 190,000 |  |  |

**雑　費　　10**

|  |  |  |  |
|---|---:|---|---:|
|  | 70,000 |  |  |
| 2/25 | 90,000 |  |  |

### 合計残高試算表
平成○年2月28日

| 借方 残高 | 借方 合計 | 元丁 | 勘定科目 | 貸方 合計 | 貸方 残高 |
|---:|---:|---:|---|---:|---:|
| 920,000 | 1,950,000 | 1 | 現　　金 | 1,030,000 |  |
| 644,000 | 1,904,000 | 2 | 売　掛　金 | 1,260,000 |  |
| 770,000 | 2,250,000 | 3 | 商　　品 | 1,480,000 |  |
|  | 650,000 | 4 | 買　掛　金 | 1,500,000 | 850,000 |
|  | 200,000 | 5 | 借　入　金 | 510,000 | 310,000 |
|  |  | 6 | 資　本　金 | 1,000,000 | 1,000,000 |
|  |  | 7 | 商品売買益 | 450,000 | 450,000 |
|  |  | 8 | 受取手数料 | 74,000 | 74,000 |
| 190,000 | 190,000 | 9 | 給　　料 |  |  |
| 160,000 | 160,000 | 10 | 雑　　費 |  |  |
| 2,684,000 | 7,304,000 |  |  | 7,304,000 | 2,684,000 |

## 解答3

1.　3.　4.

## 解答4

### 仕訳帳　　1

| 平成○年 | | 摘　　要 | 元丁 | 借　方 | 貸　方 |
|---|---|---|---|---|---|
| 3 | 1 | 諸　口　（資　本　金） | 6 | | 1,750,000 |
| | | （現　金） | 1 | 1,500,000 | |
| | | （備　品） | 4 | 250,000 | |
| | 3 | （商　品） | 3 | 800,000 | |
| | | 　　　　　（買　掛　金） | 5 | | 800,000 |
| | 10 | （売　掛　金）　諸　　口 | 2 | 400,000 | |
| | | 　　　　　（商　品） | 3 | | 300,000 |
| | | 　　　　　（商品売買益） | 7 | | 100,000 |
| | 15 | （営　業　費） | 8 | 260,000 | |
| | | 　　　　　（現　　金） | 1 | | 260,000 |
| | 25 | （買　掛　金） | 5 | 500,000 | |
| | | 　　　　　（現　　金） | 1 | | 500,000 |
| | 31 | （現　金） | 1 | 200,000 | |
| | | 　　　　　（売　掛　金） | 2 | | 200,000 |

### 総勘定元帳

#### 現　金　　1

| 平成○年 | | 摘　要 | 仕丁 | 借　方 | 平成○年 | | 摘　要 | 仕丁 | 貸　方 |
|---|---|---|---|---|---|---|---|---|---|
| 3 | 1 | 資　本　金 | 1 | 1,500,000 | 3 | 15 | 営　業　費 | 1 | 260,000 |
| | 31 | 売　掛　金 | 〃 | 200,000 | | 25 | 買　掛　金 | 〃 | 500,000 |

#### 売　掛　金　　2

| 3 | 10 | 諸　　口 | 1 | 400,000 | 3 | 31 | 現　　金 | 1 | 200,000 |
|---|---|---|---|---|---|---|---|---|---|

#### 商　品　　3

| 3 | 3 | 買　掛　金 | 1 | 800,000 | 3 | 10 | 売　掛　金 | 1 | 300,000 |
|---|---|---|---|---|---|---|---|---|---|

#### 備　品　　4

| 3 | 1 | 資　本　金 | 1 | 250,000 | | | | | |
|---|---|---|---|---|---|---|---|---|---|

#### 買　掛　金　　5

| 3 | 25 | 現　　金 | 1 | 500,000 | 3 | 3 | 商　　品 | 1 | 800,000 |
|---|---|---|---|---|---|---|---|---|---|

#### 資　本　金　　6

| | | | | | 3 | 1 | 諸　　口 | 1 | 1,750,000 |
|---|---|---|---|---|---|---|---|---|---|

#### 商品売買益　　7

| | | | | | 3 | 10 | 売　掛　金 | 1 | 100,000 |
|---|---|---|---|---|---|---|---|---|---|

#### 営　業　費　　8

| 3 | 15 | 現　　金 | 1 | 260,000 | | | | | |
|---|---|---|---|---|---|---|---|---|---|

## 合 計 残 高 試 算 表
平成〇年 3 月 31 日

| 借方 | | 元丁 | 勘定科目 | 貸方 | |
|---:|---:|:---:|:---|---:|---:|
| 残高 | 合計 | | | 合計 | 残高 |
| 940,000 | 1,700,000 | 1 | 現　　　　金 | 760,000 | |
| 200,000 | 400,000 | 2 | 売　掛　金 | 200,000 | |
| 500,000 | 800,000 | 3 | 商　　　　品 | 300,000 | |
| 250,000 | 250,000 | 4 | 備　　　　品 | | |
| | 500,000 | 5 | 買　掛　金 | 800,000 | 300,000 |
| | | 6 | 資　本　金 | 1,750,000 | 1,750,000 |
| | | 7 | 商品売買益 | 100,000 | 100,000 |
| 260,000 | 260,000 | 8 | 営　業　費 | | |
| 2,150,000 | 3,910,000 | | | 3,910,000 | 2,150,000 |

# 第5章　商品売買取引の記録

## ポイント

### 〈商品に関する記帳法〉

商品に関する取引の記帳法には，**分記法**と**3分法**がある。

1. **分記法**……商品の売買取引を商品勘定で処理をする方法をいう。
   商品を販売したときに，商品原価と販売益に分けて記帳する方法である。
2. **3分法**……商品の売買取引を繰越商品勘定（資産の勘定）・仕入勘定（費用の勘定）・売上勘定（収益の勘定）の3つに分けて記帳する方法である。

### 〈仕入帳・売上帳〉

仕入帳

| 平成○年 | | 摘　　　要 | 内　　訳 | 金　　額 |
|---|---|---|---|---|
| 4 | 1 | 文教商店　　　　　　　　　　　掛け | | |
| | | A品　　20個　　@￥300 | 6,000 | |
| | | B品　　30個　　@￥100 | 3,000 | |
| | | 引取運賃現金払い | 500 | 9,500 |
| | 10 | 文教商店　　　　　　　　　掛け値引き | | |
| | | A品　　10個　　@￥10 | | 100 |
| | 30 | | 総仕入高 | 9,500 |
| | 〃 | | 仕入値引高 | 100 |
| | | | 純仕入高 | 9,400 |

売上帳

| 平成○年 | | 摘　　　要 | 内　　訳 | 金　　額 |
|---|---|---|---|---|
| 4 | 1 | 湘南商店　　　　　　　　　　　掛け | | |
| | | A品　　20個　　@￥300 | 6,000 | |
| | | B品　　30個　　@￥100 | 3,000 | 9,000 |
| | 10 | 湘南商店　　　　　　　　　掛け戻り | | |
| | | A品　　10個　　@￥10 | | 100 |
| | 30 | | 総売上高 | 9,000 |
| | 〃 | | 売上戻り高 | 100 |
| | | | 純売上高 | 8,900 |

（注）発送費については記入してはいけない。

### 〈商品有高帳（先入先出法・移動平均法）〉

　商品有高帳は，商品別に口座を設け，その商品の受け入れ，引き渡し，残高についてそれぞれ数量，単価，金額を記入することで，商品の手持ち有り高を適正に把握するために用いる補助簿である。

　商品有高帳の記入は，すべて**原価で記入**する。つまり，単価・金額の記入はすべて仕入原価（買ったときの金額）によって行うものである。また，引取費用があるときは，これを仕入原価に含めた金額で記入し，仕入数量で割り単価を計算する。

#### （1）先入先出法（買入順法）

　先に仕入れた商品から順次払い出したものとして，払出単価を定める方法である。

商 品 有 高 帳

（先入先出法）　　　　　　　　Y 商 品　　　　　　　　　　　　（単位：個，円）

| 平成 ○年 | | 摘　要 | 受　入 | | | 引　渡 | | | 残　高 | | |
|---|---|---|---|---|---|---|---|---|---|---|---|
| | | | 数量 | 単価 | 金額 | 数量 | 単価 | 金額 | 数量 | 単価 | 金額 |
| 3 | 1 | 前月繰越 | 40 | 1,400 | 56,000 | | | | 40 | 1,400 | 56,000 |
| | 8 | 仕　入 | 60 | 1,500 | 90,000 | | | | { 40 | 1,400 | 56,000 |
| | | | | | | | | | 　60 | 1,500 | 90,000 |
| | 15 | 売　上 | | | | { 40 | 1,400 | 56,000 | | | |
| | | | | | | 　20 | 1,500 | 30,000 | 40 | 1,500 | 60,000 |
| | 31 | 次月繰越 | | | | 40 | 1,500 | 60,000 | | | |
| | | | 100 | | 146,000 | 100 | | 146,000 | | | |

#### （2）移動平均法

　異なる単価の商品を受け入れた場合に残高数量と仕入数量の合計，残高金額と仕入金額の合計額を用いて平均単価を算出し，この平均単価を引渡単価とする方法。

商 品 有 高 帳

（移動平均法）　　　　　　　　Y 商 品　　　　　　　　　　　　（単位：個，円）

| 平成 ○年 | | 摘　要 | 受　入 | | | 引　渡 | | | 残　高 | | |
|---|---|---|---|---|---|---|---|---|---|---|---|
| | | | 数量 | 単価 | 金額 | 数量 | 単価 | 金額 | 数量 | 単価 | 金額 |
| 3 | 1 | 前月繰越 | 40 | 1,400 | 56,000 | | | | 40 | 1,400 | 56,000 |
| | 8 | 仕　入 | 60 | 1,500 | 90,000 | | | | 100 | 1,460 | 146,000 |
| | 15 | 売　上 | | | | 60 | 1,460 | 87,600 | 40 | 1,460 | 58,400 |
| | 31 | 次月繰越 | | | | 40 | 1,460 | 58,400 | | | |
| | | | 100 | | 146,000 | 100 | | 146,000 | | | |

## 設問 1

商品に関する勘定について3分法を用いているとき，次の事柄はいずれの勘定の借方あるいは貸方に記入するのか答えなさい。

1．仕 入 高　　2．仕入戻し高　　3．仕入値引高　　4．引取運賃
5．売 上 高　　6．売上戻り高　　7．売上値引高　　8．期首商品棚卸高

| 1 | （　　）勘定（　）方 | 2 | （　　）勘定（　）方 | 3 | （　　）勘定（　）方 | 4 | （　　）勘定（　）方 |
|---|---|---|---|---|---|---|---|
| 5 | （　　）勘定（　）方 | 6 | （　　）勘定（　）方 | 7 | （　　）勘定（　）方 | 8 | （　　）勘定（　）方 |

## 設問 2

次の取引の仕訳を示しなさい。ただし，商品に関する勘定は3分法によること。

1．湘南商店から商品￥1,000,000を仕入れ，代金は掛けとした。
2．湘南商店から掛けで仕入れた商品について￥30,000の値引を受けた。
3．旗の台商店から商品￥500,000を仕入れ，代金は掛けとした。なお，引取費用￥3,000は現金で支払った。
4．旗の台商店から仕入れた上記商品のうち￥15,000を品違いのため返品した。
5．越谷商店に商品￥400,000を売り渡し，代金は掛けとした。
6．越谷商店に売り渡した，上記商品について￥30,000の値引を承諾し，代金は売掛金から差し引くことにした。
7．文教商店に商品￥900,000を売り渡し，代金は掛けとした。なお，発送費￥10,000は現金で支払った。
8．文教商店に売り渡した，上記商品のうち￥60,000について，規格違いのため返品された。代金は売掛金から差し引くことにした。
9．神奈川商店に商品￥200,000を売り渡し，￥150,000は現金で受け取り，残額は掛けとした。なお，発送費￥5,000は先方負担となっているが，当店が現金で立替払いした。
10．埼玉商店から商品￥300,000を仕入れ，代金は現金で支払った。なお，引取費用￥10,000も現金で支払った。

|   | 借　　　方 | 貸　　　方 |
|---|---|---|
| 1 |  |  |
| 2 |  |  |
| 3 |  |  |
| 4 |  |  |
| 5 |  |  |
| 6 |  |  |
| 7 |  |  |
| 8 |  |  |
| 9 |  |  |
| 10 |  |  |

## 設問 3

次の資料から計算式を記入のうえ，金額を計算して求めなさい。

期首商品棚卸高　¥ 50,000　　総仕入高　¥700,000　　仕入戻し高　¥20,000
総売上高　　　　¥800,000　　売上値引高　¥ 10,000　　期末商品棚卸高　¥10,000

| 純 仕 入 高 | （式） | ¥ |
|---|---|---|
| 純 売 上 高 | （式） | ¥ |
| 売 上 原 価 | （式） | ¥ |
| 売上総利益 | （式） | ¥ |

## 設問 4

次の仕入帳・売上帳の空欄（　　　）に記入し，締め切りなさい。

仕　入　帳　　　　　　　　　1

| 平成○年 | | 摘　　　　要 | 内　訳 | 金　額 |
|---|---|---|---|---|
| 4 | 5 | 文教商店　　　　　　　　掛け | | |
| | | 　A品　　200個　@¥300 | ( 60,000 ) | |
| | | 　B品　　100個　@¥100 | ( 10,000 ) | |
| | | 引取運賃現金払い | 500 | ( 70,500 ) |
| | 10 | 文教商店　　　　　　掛け値引き | | |
| | | 　A品　　100個　@¥10 | | ( 1,000 ) |
| | 30 | 　　　　　　　　総仕入高 | | ( 70,500 ) |
| | 〃 | 　　　　　　仕入( 値引高 ) | | ( 1,000 ) |
| | | 　　　　　　　　純仕入高 | | ( 69,500 ) |

売　上　帳　　　　　　　　　1

| 平成○年 | | 摘　　　　要 | 内　訳 | 金　額 |
|---|---|---|---|---|
| 4 | 12 | 湘南商店　　　　　　　　掛け | | |
| | | 　A品　　120個　@¥400 | ( 48,000 ) | |
| | | 　B品　　 80個　@¥200 | ( 16,000 ) | ( 64,000 ) |
| | 15 | 湘南商店　　　　　　　掛け戻り | | |
| | | 　A品　　 10個　@¥400 | | ( 4,000 ) |
| | 30 | 　　　　　　　　総売上高 | | ( 64,000 ) |
| | 〃 | 　　　　　　売上( 戻り高 ) | | ( 4,000 ) |
| | | 　　　　　　　　純売上高 | | ( 60,000 ) |

## 設問5

次の取引の仕訳をして，仕入帳に記入して月末づけで締切なさい。（3分法）

4月3日　湘南商店から次の商品を仕入れ，代金は掛けとした。
　　　　A品　100個　@¥200　¥ 20,000
　　　　B品　200個　@¥700　¥140,000
15日　越谷商店から次の商品を仕入れ，代金は掛けとした。
　　　　C品　300個　@¥500　¥150,000
20日　湘南商店から仕入れた（4月3日仕入分）商品について，次の値引を受けた。代金は，買掛金から差し引くことにした。
　　　　A品　50個　@¥20　¥ 1,000

| | 借　方 | 貸　方 |
|---|---|---|
| 3日 | 仕入　160,000 | 買掛金　160,000 |
| 15日 | 仕入　150,000 | 買掛金　150,000 |
| 20日 | 買掛金　1,000 | 仕入　1,000 |

### 仕　入　帳　　1

| 平成○年 | 摘　　要 | 内　訳 | 金　額 |
|---|---|---|---|
| 4　3 | 湘南商店　　　　　　　　掛 | | |
| | A品　100個　@¥200 | 20,000 | |
| | B品　200個　@¥700 | 140,000 | 160,000 |
| 15 | 越谷商店　　　　　　　　掛 | | |
| | C品　300個　@¥500 | | 150,000 |
| 20 | 湘南商店　　　　　　掛値引 | | |
| | A品　50個　@¥20 | | 1,000 |
| 30 | | 総仕入高 | 310,000 |
| 30 | | 仕入値引高 | 1,000 |
| | | 純仕入高 | 309,000 |

## 設問6

次の取引の仕訳をして，仕入帳および売上帳に記入して月末づけで締切なさい。ただし，商品に関する勘定は3分法によること。

5月1日　湘南商店から次の商品を仕入れ，代金は掛けとした。なお，引取費用￥5,000は現金で支払った。

　　　　　A品　500個　@￥1,100　￥550,000

　5日　越谷商店に次の商品を売り渡し，代金は掛けとした。なお，発送費￥7,000を現金で支払った。

　　　　　A品　200個　@￥1,500　￥300,000

　10日　越谷商店に売り渡した（5日分）上記A品について，品質不良のため1個あたり￥100の値引を承諾した。値引額は売掛金から差し引くこととした。

　18日　旗の台商店から次の商品を仕入れ，代金は掛けとした。

　　　　　A品　550個　@￥1,200　￥660,000
　　　　　B品　200個　@￥2,000　￥400,000

　20日　旗の台商店から仕入れた（18日分）上記B品20個を規格違いのため返品した。なお，代金は買掛金から差し引くこととした。

　28日　文教商店に次の商品を売り渡し，代金は掛けとした。

　　　　　A品　200個　@￥1,600　￥320,000

|  | 借　　方 | 貸　　方 |
|---|---|---|
| 1日 |  |  |
| 5日 |  |  |
| 10日 |  |  |
| 18日 |  |  |
| 20日 |  |  |
| 28日 |  |  |

## 仕　入　帳　　1

| 平成○年 | 摘　　要 | 内　訳 | 金　額 |
|---|---|---|---|

## 売　上　帳　　1

| 平成○年 | 摘　　要 | 内　訳 | 金　額 |
|---|---|---|---|

### 設問 7

　次の取引の仕訳をしなさい。また，A品については，商品有高帳に先入先出法で記入しなさい。ただし，商品に関する勘定は3分法によること。

6月2日　湘南商店から次の商品を掛けで仕入れた。
　　　　　A品　400個　@¥　450　¥180,000
　　　　　B品　300個　@¥　800　¥240,000
　10日　越谷商店に次の商品を掛けで売り渡した。
　　　　　A品　400個　@¥　550　¥220,000
　　　　　B品　200個　@¥　900　¥180,000

15日　湘南商店から次の商品を現金で仕入れた。
　　　A品　500個　@¥　500　¥250,000
28日　旗の台商店に次の商品を売り渡し，代金は掛けとした。
　　　A品　200個　@¥　580　¥116,000
　　　B品　 50個　@¥　950　¥ 47,500

|     | 借　　　方 | 貸　　　方 |
| --- | --- | --- |
| 2日  |     |     |
| 10日 |     |     |
| 15日 |     |     |
| 28日 |     |     |

商　品　有　高　帳

（先入先出法）　　　　　　　　　A　品　　　　　　　　　　（単位：個，円）

| 平成〇年 | | 摘　要 | 受　入 | | | 引　渡 | | | 残　高 | | |
| --- | --- | --- | --- | --- | --- | --- | --- | --- | --- | --- | --- |
| | | | 数量 | 単価 | 金　額 | 数量 | 単価 | 金　額 | 数量 | 単価 | 金　額 |
| 6 | 1 | 前月繰越 | 200 | 400 | 80,000 | | | | 200 | 400 | 80,000 |

## 設問8

次の取引の仕訳をし，仕入帳・売上帳・商品有高帳に記入して締め切りなさい。
　また，商品有高帳については，A品は先入先出法，B品は移動平均法によって記入すること。だしし，商品に関する勘定は3分法によること。
7月1日　湘南商店から次の商品を掛けで仕入れた。
　　　A品　200個　@¥1,200　¥240,000

　　　　　　　B品　250個　＠¥2,400　¥600,000
3日　越谷商店に次の商品を掛けで売り渡した。
　　　　　　　A品　180個　＠¥1,500　¥270,000
　　　　　　　B品　220個　＠¥2,800　¥616,000
8日　越谷商店に売り渡した（3日）上記商品の一部に品違いがあったので，次のとおり返品された。なお，この代金は売掛金から差し引くことにした。
　　　　　　　A品　100個　＠¥1,500　¥150,000
10日　旗の台商店から次の商品を仕入れ，代金は掛けとした。
　　　　　　　A品　240個　＠¥1,250　¥300,000
17日　文教商店から次の商品を仕入れ，代金は掛けとした。
　　　　　　　A品　220個　＠¥1,100　¥242,000
　　　　　　　B品　170個　＠¥2,300　¥391,000
19日　文教商店から仕入れた（17日）上記商品の一部に規格違いがあったので，次のとおり返品した。なお，この代金は買掛金から差し引くことにした。
　　　　　　　A品　130個　＠¥1,100　¥143,000
25日　神奈川商店に次の商品を売り渡し，代金は掛けとした。なお，発送費¥3,000を現金で支払った。
　　　　　　　A品　250個　＠¥1,600　¥400,000
　　　　　　　B品　140個　＠¥2,900　¥406,000

|     | 借　　方 | 貸　　方 |
| --- | --- | --- |
| 1日 |  |  |
| 3日 |  |  |
| 8日 |  |  |
| 10日 |  |  |
| 17日 |  |  |
| 19日 |  |  |
| 25日 |  |  |

## 仕　入　帳

1

| 平成〇年 | 摘　要 | 内　訳 | 金　額 |
|---|---|---|---|

## 売　上　帳

1

| 平成〇年 | 摘　要 | 内　訳 | 金　額 |
|---|---|---|---|

## 商　品　有　高　帳
（先入先出法）　　　　　　　　　　A　品　　　　　　　　　　　（単位：個，円）

| 平成 ○年 | 摘　要 | 受　入 | | | 引　渡 | | | 残　高 | | |
|---|---|---|---|---|---|---|---|---|---|---|
| | | 数量 | 単価 | 金　額 | 数量 | 単価 | 金　額 | 数量 | 単価 | 金　額 |
| | | | | | | | | | | |
| | | | | | | | | | | |
| | | | | | | | | | | |
| | | | | | | | | | | |
| | | | | | | | | | | |
| | | | | | | | | | | |
| | | | | | | | | | | |
| | | | | | | | | | | |
| | | | | | | | | | | |
| | | | | | | | | | | |

## 商　品　有　高　帳
（移動平均法）　　　　　　　　　　B　品　　　　　　　　　　　（単位：個，円）

| 平成 ○年 | 摘　要 | 受　入 | | | 引　渡 | | | 残　高 | | |
|---|---|---|---|---|---|---|---|---|---|---|
| | | 数量 | 単価 | 金　額 | 数量 | 単価 | 金　額 | 数量 | 単価 | 金　額 |
| | | | | | | | | | | |
| | | | | | | | | | | |
| | | | | | | | | | | |
| | | | | | | | | | | |

# 第5章　商品売買取引の記録 ── 解　答

### 解答1

| 1 | （仕入）勘定（借）方 | 2 | （仕入）勘定（貸）方 | 3 | （仕入）勘定（貸）方 | 4 | （仕入）勘定（借）方 |
|---|---|---|---|---|---|---|---|
| 5 | （売上）勘定（貸）方 | 6 | （売上）勘定（借）方 | 7 | （売上）勘定（借）方 | 8 | （繰越商品）勘定（借）方 |

### 解答2

| | 借　方 | | 貸　方 | |
|---|---|---|---|---|
| 1 | 仕　入 | 1,000,000 | 買　掛　金 | 1,000,000 |
| 2 | 買　掛　金 | 30,000 | 仕　入 | 30,000 |
| 3 | 仕　入 | 503,000 | 買　掛　金<br>現　金 | 500,000<br>3,000 |
| 4 | 買　掛　金 | 15,000 | 仕　入 | 15,000 |
| 5 | 売　掛　金 | 400,000 | 売　上 | 400,000 |
| 6 | 売　上 | 30,000 | 売　掛　金 | 30,000 |
| 7 | 売　掛　金<br>発　送　費 | 900,000<br>10,000 | 売　上<br>現　金 | 900,000<br>10,000 |
| 8 | 売　上 | 60,000 | 売　掛　金 | 60,000 |
| 9 | 現　金<br>売　掛　金 | 150,000<br>55,000 | 売　上<br>現　金 | 200,000<br>5,000 |
| 10 | 仕　入 | 310,000 | 現　金 | 310,000 |

### 解答3

| 純 仕 入 高 | （式）￥700,000 －￥20,000 | ￥ 680,000 |
|---|---|---|
| 純 売 上 高 | （式）￥800,000 －￥10,000 | ￥ 790,000 |
| 売 上 原 価 | （式）￥50,000 ＋￥680,000 －￥10,000 | ￥ 720,000 |
| 売上総利益 | （式）￥790,000 －￥720,000 | ￥ 70,000 |

## 解答 4

仕　入　帳　　　　　　　　　　　　　　　1

| 平成○年 | | 摘　　要 | 内　訳 | 金　額 |
|---|---|---|---|---|
| 4 | 5 | 文教商店　　　　　　　掛け | | |
| | | A品　200個　@¥300 | ( 60,000 ) | |
| | | B品　100個　@¥100 | ( 10,000 ) | |
| | | 引取運賃現金払い | 500 | ( 70,500 ) |
| | 10 | 文教商店　　　　　掛け値引き | | |
| | | A品　100個　@¥10 | | ( 1,000 ) |
| | 30 | 総仕入高 | | ( 70,500 ) |
| | 〃 | 仕入(値引高) | | ( 1,000 ) |
| | | 純仕入高 | | ( 69,500 ) |

売　上　帳　　　　　　　　　　　　　　　1

| 平成○年 | | 摘　　要 | 内　訳 | 金　額 |
|---|---|---|---|---|
| 4 | 12 | 湘南商店　　　　　　　掛け | | |
| | | A品　120個　@¥400 | ( 48,000 ) | |
| | | B品　80個　@¥200 | ( 16,000 ) | ( 64,000 ) |
| | 15 | 湘南商店　　　　　　掛け戻り | | |
| | | A品　10個　@¥400 | | ( 4,000 ) |
| | 30 | 総売上高 | | ( 64,000 ) |
| | 〃 | 売上(戻り高) | | ( 4,000 ) |
| | | 純売上高 | | ( 60,000 ) |

## 解答 5

| | 借　方 | | 貸　方 | |
|---|---|---|---|---|
| 3日 | 仕　　入 | 160,000 | 買　掛　金 | 160,000 |
| 15日 | 仕　　入 | 155,000 | 買　掛　金<br>現　　金 | 150,000<br>5,000 |
| 20日 | 買　掛　金 | 1,000 | 仕　　入 | 1,000 |

仕 入 帳　　　　1

| 平成○年 | | 摘　要 | 内　訳 | 金　額 |
|---|---|---|---|---|
| 4 | 3 | 湘南商店　　　　　　　　　　掛け | | |
| | | 　A品　100個　@¥200 | 20,000 | |
| | | 　B品　200個　@¥700 | 140,000 | 160,000 |
| | 15 | 越谷商店　　　　　　　　　　掛け | | |
| | | 　C品　300個　@¥500 | | 150,000 |
| | 20 | 湘南商店　　　　　　　　掛け値引き | | |
| | | 　A品　50個　@¥20 | | 1,000 |
| | 30 | 　　　　　　　　　　総仕入高 | | 310,000 |
| | 〃 | 　　　　　　　　　　仕入値引高 | | 1,000 |
| | | 　　　　　　　　　　純仕入高 | | 309,000 |

## 解答6

| | 借　方 | | 貸　方 | |
|---|---|---|---|---|
| 1日 | 仕　　入 | 555,000 | 買　掛　金<br>現　　金 | 550,000<br>5,000 |
| 5日 | 売　掛　金<br>発　送　費 | 300,000<br>7,000 | 売　　上<br>現　　金 | 300,000<br>7,000 |
| 10日 | 売　　上 | 20,000 | 売　掛　金 | 20,000 |
| 18日 | 仕　　入 | 1,060,000 | 買　掛　金 | 1,060,000 |
| 20日 | 買　掛　金 | 40,000 | 仕　　入 | 40,000 |
| 28日 | 売　掛　金 | 320,000 | 売　　上 | 320,000 |

仕 入 帳　　　　1

| 平成○年 | | 摘　要 | 内　訳 | 金　額 |
|---|---|---|---|---|
| 5 | 1 | 湘南商店　　　　　　　　　　掛け | | |
| | | 　A品　500個　@¥1,100 | 550,000 | |
| | | 　引取費用現金払い | 5,000 | 555,000 |
| | 18 | 旗の台商店　　　　　　　　　掛け | | |
| | | 　A品　550個　@¥1,200 | 660,000 | |
| | | 　B品　200個　@¥2,000 | 400,000 | 1,060,000 |
| | 20 | 旗の台商店　　　　　　　　掛け戻し | | |
| | | 　B品　20個　@¥2,000 | | 40,000 |
| | 31 | 　　　　　　　　　　総仕入高 | | 1,615,000 |
| | 〃 | 　　　　　　　　　　仕入戻し高 | | 40,000 |
| | | 　　　　　　　　　　純仕入高 | | 1,575,000 |

売 上 帳

| 平成○年 | | 摘　　　要 | 内　訳 | 金　額 |
|---|---|---|---|---|
| 5 | 5 | 越谷商店　　　　　　　　　　掛け | | |
| | | A品　200個　@¥1,500 | | 300,000 |
| | 10 | 越谷商店　　　　　　　　　　掛け値引 | | |
| | | A品　200個　@¥100 | | 20,000 |
| | 28 | 文教商店　　　　　　　　　　掛け | | |
| | | A品　200個　@¥1,600 | | 320,000 |
| | 31 | 総売上高 | | 620,000 |
| | 〃 | 売上値引高 | | 20,000 |
| | | 純売上高 | | 600,000 |

## 解答7

| | 借　　方 | | 貸　　方 | |
|---|---|---|---|---|
| 2日 | 仕　　入 | 420,000 | 買　掛　金 | 420,000 |
| 10日 | 売　掛　金 | 400,000 | 売　　上 | 400,000 |
| 15日 | 仕　　入 | 250,000 | 現　　金 | 250,000 |
| 28日 | 売　掛　金 | 163,500 | 売　　上 | 163,500 |

商 品 有 高 帳

(先入先出法)　　　　　　　　　　A 品　　　　　　　　　　(単位：個, 円)

| 平成○年 | | 摘　要 | 受入 | | | 引渡 | | | 残高 | | |
|---|---|---|---|---|---|---|---|---|---|---|---|
| | | | 数量 | 単価 | 金額 | 数量 | 単価 | 金額 | 数量 | 単価 | 金額 |
| 6 | 1 | 前月繰越 | 200 | 400 | 80,000 | | | | 200 | 400 | 80,000 |
| | 2 | 仕　入 | 400 | 450 | 180,000 | | | | { 200 | 400 | 80,000 |
| | | | | | | | | | 　400 | 450 | 180,000 |
| | 10 | 売　上 | | | | { 200 | 400 | 80,000 | | | |
| | | | | | | 　200 | 450 | 90,000 | 200 | 450 | 90,000 |
| | 15 | 仕　入 | 500 | 500 | | | | | { 200 | 450 | 90,000 |
| | | | | | | | | | 　500 | 500 | 250,000 |
| | 28 | 売　上 | | | | 200 | 450 | 90,000 | 500 | 500 | 250,000 |
| | 30 | 次月繰越 | | | | 500 | 500 | 250,000 | | | |
| | | | 1,100 | | 510,000 | 1,100 | | 510,000 | | | |

## 解答8

|  | 借 方 | 貸 方 |
|---|---|---|
| 1日 | 仕　　入　　840,000 | 買　掛　金　840,000 |
| 3日 | 売　掛　金　886,000 | 売　　上　　886,000 |
| 8日 | 売　　上　　150,000 | 売　掛　金　150,000 |
| 10日 | 仕　　入　　305,000 | 買　掛　金　300,000<br>現　　金　　　5,000 |
| 17日 | 仕　　入　　633,000 | 買　掛　金　633,000 |
| 19日 | 買　掛　金　143,000 | 仕　　入　　143,000 |
| 25日 | 売　掛　金　806,000<br>発　送　費　　3,000 | 売　　上　　806,000<br>現　　金　　　3,000 |

仕　入　帳　　　　　　　　　　1

| 平成○年 | | 摘　　要 | 内　訳 | 金　額 |
|---|---|---|---|---|
| 7 | 1 | 湘南商店　　　　　　　　　　掛け | | |
|  |  | 　A品　200個　@￥1,200 | 240,000 | |
|  |  | 　B品　250個　@￥2,400 | 600,000 | 840,000 |
|  | 10 | 旗の台商店　　　　　　　　　掛け | | |
|  |  | 　A品　240個　@￥1,250 | | 300,000 |
|  | 17 | 文教商店　　　　　　　　　　掛け | | |
|  |  | 　A品　220個　@￥1,100 | 242,000 | |
|  |  | 　B品　170個　@￥2,300 | 391,000 | 633,000 |
|  | 19 | 文教商店　　　　　　　　掛け戻し | | |
|  |  | 　A品　130個　@￥1,100 | | 143,000 |
|  | 31 | 総仕入高 | | 1,773,000 |
|  | 〃 | 仕入戻し高 | | 143,000 |
|  |  | 純仕入高 | | 1,630,000 |

## 売 上 帳

| 平成○年 | | 摘 要 | 内 訳 | 金 額 |
|---|---|---|---|---|
| 7 | 3 | 越谷商店　　　　　　　　　　掛け | | |
| | | A品　180個　@¥1,500 | 270,000 | |
| | | B品　220個　@¥2,800 | 616,000 | 886,000 |
| | 8 | 越谷商店　　　　　　　　　　掛け戻り | | |
| | | A品　100個　@¥1,500 | | 150,000 |
| | 25 | 神奈川商店　　　　　　　　　掛け | | |
| | | A品　250個　@¥1,600 | 400,000 | |
| | | B品　140個　@¥2,900 | 406,000 | 806,000 |
| | 31 | 総売上高 | | 1,692,000 |
| | 〃 | 売上戻り高 | | 150,000 |
| | | 純売上高 | | 1,542,000 |

## 商 品 有 高 帳

(先入先出法)　　　　　　　A 品　　　　　　　　　　　　　(単位：個, 円)

| 平成○年 | | 摘 要 | 受 入 | | | 引 渡 | | | 残 高 | | |
|---|---|---|---|---|---|---|---|---|---|---|---|
| | | | 数量 | 単価 | 金 額 | 数量 | 単価 | 金 額 | 数量 | 単価 | 金 額 |
| 7 | 1 | 仕　　入 | 200 | 1,200 | 240,000 | | | | 200 | 1,200 | 240,000 |
| | 3 | 売　　上 | | | | 180 | 1,200 | 216,000 | 20 | 1,200 | 24,000 |
| | 8 | 売上戻り | 100 | 1,200 | 120,000 | | | | 120 | 1,200 | 144,000 |
| | 10 | 仕　　入 | 240 | 1,250 | 300,000 | | | | {120 | 1,200 | 144,000 |
| | | | | | | | | | 240 | 1,250 | 300,000 |
| | 17 | 仕　　入 | 220 | 1,100 | 242,000 | | | | {120 | 1,200 | 144,000 |
| | | | | | | | | | 240 | 1,250 | 300,000 |
| | | | | | | | | | 220 | 1,100 | 242,000 |
| | 19 | 仕入戻し | | | | 130 | 1,100 | 143,000 | {120 | 1,200 | 144,000 |
| | | | | | | | | | 240 | 1,250 | 300,000 |
| | | | | | | | | | 90 | 1,100 | 99,000 |
| | 25 | 売　　上 | | | | {120 | 1,200 | 144,000 | {110 | 1,250 | 137,500 |
| | | | | | | 130 | 1,250 | 162,500 | 90 | 1,100 | 99,000 |
| | 31 | 次月繰越 | | | | {110 | 1,250 | 137,500 | | | |
| | | | | | | 90 | 1,100 | 99,000 | | | |
| | | | 760 | | 902,000 | 760 | | 902,000 | | | |

## 商 品 有 高 帳

(移動平均法)　　　　　　　B 品　　　　　　　　　　　　　(単位：個, 円)

| 平成○年 | | 摘 要 | 受 入 | | | 引 渡 | | | 残 高 | | |
|---|---|---|---|---|---|---|---|---|---|---|---|
| | | | 数量 | 単価 | 金 額 | 数量 | 単価 | 金 額 | 数量 | 単価 | 金 額 |
| 7 | 1 | 仕　　入 | 250 | 2,400 | 600,000 | | | | 250 | 2,400 | 600,000 |
| | 3 | 売　　上 | | | | 220 | 2,400 | 528,000 | 30 | 2,400 | 72,000 |
| | 17 | 仕　　入 | 170 | 2,300 | 391,000 | | | | 200 | 2,315 | 463,000 |
| | 25 | 売　　上 | | | | 140 | 2,315 | 324,100 | 60 | 2,315 | 138,900 |
| | 31 | 次月繰越 | | | | 60 | 2,315 | 138,900 | | | |
| | | | 420 | | 991,000 | 420 | | 991,000 | | | |

# 第6章　現金・預金取引の記録

## ポイント

〈簿記上の現金〉

簿記上で現金として取り扱われるものには，通貨（紙幣・硬貨）のほか，以下の**通貨代用証券**も含まれる。
- 他人（他店）振り出し小切手
- 送金小切手
- 郵便為替証書
- 株式の配当金領収書
- 支払期日の到来した公債（国債・地方債），社債の利札

これらを受け取った場合は，現金勘定の借方に記入し，現金勘定で支払った場合は，貸方に記入する。

〈現金出納帳〉

現金に関する取引は，総勘定元帳の現金勘定に記帳するが，その明細を記録するために**現金出納帳**にも記帳する。そのため，現金出納帳の残高は，総勘定元帳の現金勘定の残高と必ず一致しているはずである。

〈現金過不足勘定〉

現金の管理は重要である。現金の帳簿残高と実際有高（手許有高）が一致していない場合は，原因を調査しなければならない。その際，一時的に過不足の差額を**現金過不足勘定**で処理をする。

後日，原因が判明したら，現金過不足勘定から該当する勘定へ振り替え処理をする。

また，決算時まで，過不足の原因が判明しない場合は，

- 現金過不足勘定の残高が，借方にある場合の処理
　　（借方）雑　　　損　×××　　　（貸方）現金過不足　×××
- 現金過不足勘定の残高が，貸方にある場合の処理
　　（借方）現金過不足　×××　　　（貸方）雑　　　益　×××

のように，現金過不足勘定の残高を振り替える。

なお，詳しくは第13章を参照してほしい。

## 〈当座預金〉

**当座預金**とは，取引金融機関との当座取引契約によって開設される預金である。その引き出しには，小切手の振り出しが必要とされる。

## 〈当座預金出納帳〉

当座預金の預け入れと引き出しの明細を記帳するための補助簿を**当座預金出納帳**という。当座預金出納帳の残高は，総勘定元帳の当座預金勘定の残高と必ず一致している。

## 〈当座借越〉

当座預金口座を開設している取引金融機関とあらかじめ当座借越契約を結び，借越限度額を決めておけば，当座預金の残高を超えて小切手を振り出して支払うことができる。当座預金残高を超えた額は，一時的な借り入れとなる。この超過額を**当座借越**（負債の勘定）という。

(1) 当座借越（2勘定制）の処理

［例］・当座預金口座の残高は¥50,000であるが，支払地代¥80,000を小切手を振り出して支払った。

　　　（借方）　支払地代　80,000　　　（貸方）　当座預金　50,000
　　　　　　　　　　　　　　　　　　　　　　　　当座借越　30,000

　　　・売掛金¥70,000を現金で回収した。ただちに当座預金に預け入れた。

　　　（借方）　当座借越　30,000　　　（貸方）　売　掛　金　70,000
　　　　　　　　当座預金　40,000

(2) 当座借越（1勘定制）の処理

［例］・当座預金口座の残高は¥50,000であるが，支払地代¥80,000を小切手を振り出して支払った。

　　　（借方）　支払地代　80,000　　　（貸方）　当　　座　80,000

　　　・売掛金¥70,000を現金で回収した。ただちに当座預金に預け入れた。

　　　（借方）　当　　座　70,000　　　（貸方）　売　掛　金　70,000

（注）当座預金勘定と当座借越勘定を1つに統合した勘定として用いられるのが**当座勘定**である。借方に残高がある場合は，当座預金の残高を示し，貸方に残高がある場合は，当座借越残高を示す。

## 〈小口現金出納帳〉

少額の支払いに，その都度小切手を振り出すことは手間がかかる。そのため一定の現金を常に手元に用意しておく（定額資金前渡制度）必要がある。この現金を**小口現金**という。

小口現金を会計部署からの補給と支払いの明細を記録するための補助簿を**小口現金出納帳**という。

## 設問1

次の取引の仕訳を示しなさい。ただし，商品に関する勘定は3分法によること。
1．湘南商店に対する売掛金¥200,000を同店振り出しの小切手で受け取った。
2．湘南商店に対する売掛金¥300,000を郵便為替証書で受け取った。
3．越谷商店に商品¥500,000（原価¥300,000）を売り渡し，代金のうち¥100,000は現金で受け取り，残額は送金小切手で受け取った。

|   | 借　　　方 | 貸　　　方 |
|---|---|---|
| 1 |  |  |
| 2 |  |  |
| 3 |  |  |

## 設問2

次の取引を現金出納帳に記入して，締め切りなさい。（3分法）
1月5日　商品¥80,000を仕入れ，代金は現金で支払った。
　　10日　売掛金¥300,000を現金で受け取った。
　　20日　備品¥200,000を現金で購入した。
　　30日　従業員の給料¥150,000を現金で支払った。

現　金　出　納　帳　　　5

| 平成○年 | | 摘　　　要 | 収　入 | 支　出 | 残　高 |
|---|---|---|---|---|---|
| 1 | 1 | 前月繰越 | 500,000 |  | 500,000 |
|  |  |  |  |  |  |
|  |  |  |  |  |  |
|  |  |  |  |  |  |
|  |  |  |  |  |  |
|  |  |  |  |  |  |

## 設問 3

次の取引の仕訳を行い，現金出納帳に記入して締め切りなさい。（3分法）

2月5日 湘南商店から売掛金の一部として，同店振り出しの小切手¥100,000を受け取った。
　10日 越谷商店に対する買掛金の支払いのため，上記（5日）の湘南商店より受け取った小切手¥100,000と現金¥50,000で支払った。
　15日 支払家賃¥70,000を現金で支払った。
　20日 湘南商店より，仲介手数料として，郵便為替証書を¥30,000を受け取った。
　25日 従業員の給料¥250,000を現金で支払った。

| | 借　　　方 | 貸　　　方 |
|---|---|---|
| 2/5 | 現金　　　　100,000 | 売掛金　　　100,000 |
| 10 | 買掛金　　　150,000 | 現金　　　　150,000 |
| 15 | 支払家賃　　 70,000 | 現金　　　　 70,000 |
| 20 | 現金　　　　 30,000 | 受取手数料　 30,000 |
| 25 | 給料　　　　250,000 | 現金　　　　250,000 |

### 現　金　出　納　帳　　　　5

| 平成〇年 | | 摘　　　要 | 収　入 | 支　出 | 残　高 |
|---|---|---|---|---|---|
| 2 | 1 | 前月繰越 | 900,000 | | 900,000 |
| | 5 | 湘南商店より売掛金回収　小切手 | 100,000 | | 1,000,000 |
| | 10 | 越谷商店へ買掛金支払 | | 150,000 | 850,000 |
| | 15 | 支払家賃 | | 70,000 | 780,000 |
| | 20 | 湘南商店より手数料　郵便為替証書 | 30,000 | | 810,000 |
| | 25 | 給料支払 | | 250,000 | 560,000 |
| | 28 | 次月繰越 | | 560,000 | |
| | | | 1,030,000 | 1,030,000 | |
| 3 | 1 | 前月繰越 | 560,000 | | 560,000 |

## 設問 4

次の取引の仕訳をしなさい。

1. 本日，現金の手許有高を調べたら，帳簿残高より¥2,000少ないことが判明した。
2. 上記不足額¥2,000のうち，¥1,500は郵便切手代の購入代金の記入漏れであった。
3. 決算になったが，上記不足額¥500は原因が判明しないので雑損として処理した。
4. 現金の帳簿残高は¥53,000であるが，実際有高は¥55,000であった。
5. 上記過剰額¥2,000のうち，¥1,500は地代の受取分の記入漏れであることが分かった。
6. 決算になったが，上記過剰額¥500は原因が判明しないので雑益として処理した。

|   | 借　　　方 | 貸　　　方 |
|---|---|---|
| 1 |  |  |
| 2 |  |  |
| 3 |  |  |
| 4 |  |  |
| 5 |  |  |
| 6 |  |  |

## 設問 5

次の取引の仕訳を示し，現金出納帳に記入して締め切りなさい。（3分法）

3月3日　湘南商店から商品¥150,000を仕入れ，代金は現金で支払った。
　10日　越谷商店に商品¥350,000（原価¥300,000）を売り渡し，代金のうち¥300,000は同店振り出しの小切手で受け取り，残額は掛けとした。
　15日　筆記用具等の文房具¥10,000を買い入れ，代金は現金で支払った。
　20日　旗の台商店に対する貸付金の利息¥5,000を現金で受け取った。
　25日　現金の実際有高を調べたところ¥540,000であった。
　27日　従業員への給料¥250,000を現金で支払った。
　31日　上記，25日の現金の不一致の原因は郵便切手代の記帳漏れであることは判明した。

|  | 借　　　方 | 貸　　　方 |
|---|---|---|
| 3/3 | | |
| 10 | | |
| 15 | | |
| 20 | | |
| 25 | | |
| 27 | | |
| 31 | | |

現 金 出 納 帳　　　　5

| 平成○年 | | 摘　　要 | 収　入 | 支　出 | 残　高 |
|---|---|---|---|---|---|
| 3 | 1 | 前月繰越 | 400,000 | | 400,000 |
| | | | | | |
| | | | | | |
| | | | | | |
| | | | | | |
| | | | | | |
| | | | | | |
| | | | | | |
| | | | | | |

## 設問6

次の取引を仕訳し，当座預金出納帳に記帳して締め切りなさい。

4月1日 文教銀行茅ヶ崎支店と当座取引契約を結び，現金¥1,000,000を預け入れた。
　5日 湘南商店から商品¥300,000を仕入れ，代金は小切手を振り出して支払った。
　10日 旗の台商店に対する売掛金¥100,000を同店振り出しの小切手で受け取り，ただちに当座預金に預け入れた。
　15日 家賃¥50,000を小切手を振り出して支払った。
　20日 小切手を振り出して当座預金から現金¥80,000を引き出した。
　25日 越谷商店に対する買掛金¥150,000を，小切手を振り出して支払った。

|  | 借　　　方 | 貸　　　方 |
|---|---|---|
| 4/1 | | |
| 5 | | |
| 10 | | |
| 15 | | |
| 20 | | |
| 25 | | |

当　座　預　金　出　納　帳

| 平成○年 | 摘　　要 | 預　入 | 引　出 | 借/貸 | 残　高 |
|---|---|---|---|---|---|
| | | | | | |
| | | | | | |
| | | | | | |
| | | | | | |
| | | | | | |
| | | | | | |

## 設問 7

次の取引を仕訳し，当座預金出納帳に記帳して締め切りなさい。ただし，当座借越勘定を設けている。

5月1日　文教銀行茅ヶ崎支店と当座取引契約を結び，現金¥1,000,000を預け入れた。また，同時に借越限度額¥500,000の当座借越契約を結んだ。

　　5日　湘南商店から事務用コピー機を購入し，代金¥650,000は小切手を振り出して支払った。

　　10日　旗の台商店から商品¥450,000を仕入れ，代金は小切手を振り出して支払った。

　　15日　越谷商店から商品¥300,000を仕入れ，代金のうち¥200,000は小切手を振り出して支払い，残額は掛けとした。

　　20日　神奈川商店に商品¥500,000（原価¥300,000）を売り渡し，代金は同店振り出しの小切手で受け取り，ただちに当座預金に預け入れた。

|  | 借　方 | 貸　方 |
|---|---|---|
| 5/1 |  |  |
| 5 |  |  |
| 10 |  |  |
| 15 |  |  |
| 20 |  |  |

当　座　預　金　出　納　帳　　　　6

| 平成<br>〇年 | 摘　　要 | 預　入 | 引　出 | 借/貸 | 残　高 |
|---|---|---|---|---|---|
|  |  |  |  |  |  |
|  |  |  |  |  |  |
|  |  |  |  |  |  |
|  |  |  |  |  |  |
|  |  |  |  |  |  |
|  |  |  |  |  |  |

## 設問8

次の取引を小口現金出納帳に記入し，週末における締切と資金の補給に関する記入を行いなさい。ただし，小口現金係は毎週月曜日に前週の支払いを報告し，資金の補給を受けることになっている。なお，資金の補給方法は定額資金前渡制（インプレスト・システム）によって行われている。（第85回類題）

| | | |
|---|---|---|
| 11月11日（月）ボールペン代　￥1,500 | 15日（金）切手・はがき代　￥8,300 |
| 12日（火）テレホンカード代　￥5,000 | 〃　〃　紅茶・コーヒー代　￥1,700 |
| 13日（水）新　聞　代　￥3,000 | 16日（土）各種用紙代　￥7,000 |
| 14日（木）タクシー代　￥6,800 | |

### 小 口 現 金 出 納 帳

| 受　入 | 平成○年 | | 摘　要 | 支　払 | 内　訳 | | | |
|---:|---|---|---|---:|---:|---:|---:|---:|
| | | | | | 消耗品費 | 交通費 | 通信費 | 雑費 |
| 10,000 | 11 | 11 | 前 週 繰 越 | | | | | |
| 40,000 | 〃 | | 本 日 補 給 | | | | | |
| | | 11 | ボールペン代 | 1,500 | 1,500 | | | |
| | | 12 | テレホンカード代 | 5,000 | | | 5,000 | |
| | | 13 | 新 聞 代 | 3,000 | | | | 3,000 |
| | | 14 | タクシー代 | 6,800 | | 6,800 | | |
| | | 15 | 切手・はがき代 | 8,300 | | | 8,300 | |
| | | 〃 | 紅茶・コーヒー代 | 1,700 | | | | 1,700 |
| | | 16 | 各種用紙代 | 7,000 | 7,000 | | | |
| | | | 合　　　計 | 33,300 | 8,500 | 6,800 | 13,300 | 4,700 |
| | | 16 | 次 週 繰 越 | 16,700 | | | | |
| 50,000 | | | | 50,000 | | | | |
| 16,700 | 11 | 18 | 前 週 繰 越 | | | | | |
| 33,300 | 〃 | | 本 日 補 給 | | | | | |

## 設問9

次の取引の仕訳を行いなさい。

1. 小口現金係から，次のような支払の報告を受けたため，ただちに小切手を振り出して資金を補給した。なお，当店では，定額資金前渡制度（インプレスト・システム）により，小口現金係から毎週金曜日に一週間の支払報告を受け，これに基づいて資金を補給している。（第121回類題）

    交通費　¥8,800　　消耗品費　¥6,800　　雑　費　¥3,200

2. 小口現金係から，旅費交通費¥40,000，消耗品費¥18,900および雑費¥9,800の小口現金の使用について報告を受け，同額の小切手を振り出して補給した。なお，当店は，小口現金について定額資金前渡制度を採用している。（第113回類題）

3. 群馬商店から商品¥300,000を仕入れ，代金は小切手を振り出して支払った。ただし，当座預金の残高は¥190,000であったが，前橋銀行と当座借越契約を結んでおり，借越限度額は¥500,000である。なお，引取運賃¥10,000は現金で支払った。（第104回類題）

|   | 借　方 | 貸　方 |
|---|---|---|
| 1 |  |  |
| 2 |  |  |
| 3 |  |  |

# 第6章 現金・預金取引の記録 ── 解 答

### 解答1

|   | 借　　方 |   | 貸　　方 |   |
|---|---|---|---|---|
| 1 | 現　　金 | 200,000 | 売 掛 金 | 200,000 |
| 2 | 現　　金 | 300,000 | 売 掛 金 | 300,000 |
| 3 | 現　　金 | 500,000 | 売　　上 | 500,000 |

### 解答2

現　金　出　納　帳  
5

| 平成○年 | | 摘　　　要 | 収　入 | 支　出 | 残　高 |
|---|---|---|---|---|---|
| 1 | 1 | 前月繰越 | 500,000 |  | 500,000 |
|  | 5 | 商品仕入れ |  | 80,000 | 420,000 |
|  | 10 | 売掛金回収 | 300,000 |  | 720,000 |
|  | 20 | 備品購入 |  | 200,000 | 520,000 |
|  | 30 | 給料支払い |  | 150,000 | 370,000 |
|  | 31 | 次月繰越 |  | 370,000 |  |
|  |  |  | 800,000 | 800,000 |  |

### 解答3

|   | 借　　方 |   | 貸　　方 |   |
|---|---|---|---|---|
| 2/5 | 現　　金 | 100,000 | 売 掛 金 | 100,000 |
| 10 | 買 掛 金 | 150,000 | 現　　金 | 150,000 |
| 15 | 支 払 家 賃 | 70,000 | 現　　金 | 70,000 |
| 20 | 現　　金 | 30,000 | 受取手数料 | 30,000 |
| 25 | 給　　料 | 250,000 | 現　　金 | 250,000 |

## 現　金　出　納　帳　　　　5

| 平成○年 | | 摘　　　要 | 収　入 | 支　出 | 残　高 |
|---|---|---|---|---|---|
| 2 | 1 | 前月繰越 | 900,000 | | 900,000 |
| | 5 | 湘南商店から売掛金回収 | 100,000 | | 1,000,000 |
| | 10 | 越谷商店に買掛金支払い | | 150,000 | 850,000 |
| | 15 | 家賃支払い | | 70,000 | 780,000 |
| | 20 | 仲介手数料受け取り | 30,000 | | 810,000 |
| | 25 | 給料支払い | | 250,000 | 560,000 |
| | 28 | **次月繰越** | | **560,000** | |
| | | | 1,030,000 | 1,030,000 | |

## 解答4

| | 借　　方 | | 貸　　方 | |
|---|---|---|---|---|
| 1 | 現金過不足 | 2,000 | 現　金 | 2,000 |
| 2 | 通　信　費 | 1,500 | 現金過不足 | 1,500 |
| 3 | 雑　　損 | 500 | 現金過不足 | 500 |
| 4 | 現　　金 | 2,000 | 現金過不足 | 2,000 |
| 5 | 現金過不足 | 1,500 | 受取地代 | 1,500 |
| 6 | 現金過不足 | 500 | 雑　益 | 500 |

## 解答5

| | 借　　方 | | 貸　　方 | |
|---|---|---|---|---|
| 3/3 | 仕　　入 | 150,000 | 現　金 | 150,000 |
| 10 | 現　　金<br>売　掛　金 | 300,000<br>50,000 | 売　上 | 350,000 |
| 15 | 消耗品費 | 10,000 | 現　金 | 10,000 |
| 20 | 現　　金 | 5,000 | 受取利息 | 5,000 |
| 25 | 現金過不足 | 5,000 | 現　金 | 5,000 |
| 27 | 給　　料 | 250,000 | 現　金 | 250,000 |
| 31 | 通　信　費 | 5,000 | 現金過不足 | 5,000 |

現　金　出　納　帳　　　　5

| 平成○年 | | 摘　　要 | 収　入 | 支　出 | 残　高 |
|---|---|---|---|---|---|
| 3 | 1 | 前月繰越 | 400,000 | | 400,000 |
| | 3 | 湘南商店から商品仕入れ | | 150,000 | 250,000 |
| | 10 | 越谷商店に商品売り渡し一部代金 | 300,000 | | 550,000 |
| | 15 | 文房具購入 | | 10,000 | 540,000 |
| | 20 | 旗の台商店より貸付金利息受取 | 5,000 | | 545,000 |
| | 25 | 現金不足額 | | 5,000 | 540,000 |
| | 27 | 給料支払い | | 250,000 | 290,000 |
| | 31 | 次月繰越 | | 290,000 | |
| | | | 705,000 | 705,000 | |

## 解答 6

| | 借　　方 | | 貸　　方 | |
|---|---|---|---|---|
| 4/1 | 当 座 預 金 | 1,000,000 | 現　　　　金 | 1,000,000 |
| 5 | 仕　　　　入 | 300,000 | 当 座 預 金 | 300,000 |
| 10 | 当 座 預 金 | 100,000 | 売 掛 金 | 100,000 |
| 15 | 支 払 家 賃 | 50,000 | 当 座 預 金 | 50,000 |
| 20 | 現　　　　金 | 80,000 | 当 座 預 金 | 80,000 |
| 25 | 買 掛 金 | 150,000 | 当 座 預 金 | 150,000 |

当　座　預　金　出　納　帳　　　　6

| 平成○年 | | 摘　　要 | 預　入 | 引　出 | 借/貸 | 残　高 |
|---|---|---|---|---|---|---|
| 4 | 1 | 現金預入 | 1,000,000 | | 借 | 1,000,000 |
| | 5 | 湘南商店から商品仕入小切手振出 | | 300,000 | 〃 | 700,000 |
| | 10 | 旗の台商店から売掛金回収 | 100,000 | | 〃 | 800,000 |
| | 15 | 家賃支払い | | 50,000 | 〃 | 750,000 |
| | 20 | 現金引き出し，小切手振出 | | 80,000 | 〃 | 670,000 |
| | 25 | 越谷商店の買掛金支払い | | 150,000 | 〃 | 520,000 |
| | 30 | 次月繰越 | | 520,000 | | |
| | | | 1,100,000 | 1,100,000 | | |

## 解答 7

| | 借 方 | | 貸 方 | |
|---|---|---|---|---|
| 5/1 | 当座預金 | 1,000,000 | 現　　　金 | 1,000,000 |
| 5 | 備　　品 | 650,000 | 当座預金 | 650,000 |
| 10 | 仕　　入 | 450,000 | 当座預金<br>当座借越 | 350,000<br>100,000 |
| 15 | 仕　　入 | 300,000 | 当座借越<br>買掛金 | 200,000<br>100,000 |
| 20 | 当座借越<br>当座預金 | 300,000<br>200,000 | 売　　上 | 500,000 |

### 当 座 預 金 出 納 帳  6

| 平成○年 | | 摘　要 | 預　入 | 引　出 | 借/貸 | 残　高 |
|---|---|---|---|---|---|---|
| 5 | 1 | 現金預入 | 1,000,000 | | 借 | 1,000,000 |
| | 5 | 事務用コピー購入小切手振出 | | 650,000 | 〃 | 350,000 |
| | 10 | 旗の台商店から仕入小切手振出 | | 350,000 | | 0 |
| | 20 | 神奈川商店に商品売渡預入 | 200,000 | | 借 | 200,000 |
| | 31 | 次月繰越 | | 200,000 | | |
| | | | 1,200,000 | 1,200,000 | | |

## 解答 8

### 小 口 現 金 出 納 帳

| 受　入 | 平成○年 | | 摘　要 | 支　払 | 内　訳 | | | |
|---|---|---|---|---|---|---|---|---|
| | | | | | 消耗品費 | 交通費 | 通信費 | 雑費 |
| 10,000 | 11 | 11 | 前 週 繰 越 | | | | | |
| 40,000 | | 〃 | 本 日 補 給 | | | | | |
| | | | ボールペン代 | 1,500 | 1,500 | | | |
| | | 12 | テレホンカード代 | 5,000 | | | 5,000 | |
| | | 13 | 新　聞　代 | 3,000 | | | | 3,000 |
| | | 14 | タクシー代 | 6,800 | | 6,800 | | |
| | | 15 | 切手・はがき代 | 8,300 | | | 8,300 | |
| | | 〃 | 紅茶・コーヒー代 | 1,700 | | | | 1,700 |
| | | 16 | 各 種 用 紙 代 | 7,000 | 7,000 | | | |
| | | | 合　　　計 | 33,300 | 8,500 | 6,800 | 13,300 | 4,700 |
| | | 〃 | 次 週 繰 越 | 16,700 | | | | |
| 50,000 | | | | 50,000 | | | | |
| 16,700 | | 18 | 前 週 繰 越 | | | | | |
| 33,300 | | 〃 | 本 日 補 給 | | | | | |

## 解答9

|   | 借　　　　方 | | 貸　　　　方 | |
|---|---|---|---|---|
| 1 | 交　通　費 | 8,800 | 当 座 預 金 | 18,800 |
|   | 消 耗 品 費 | 6,800 | | |
|   | 雑　　　費 | 3,200 | | |
| 2 | 旅費交通費 | 40,000 | 当 座 預 金 | 68,700 |
|   | 消 耗 品 費 | 18,900 | | |
|   | 雑　　　費 | 9,800 | | |
| 3 | 仕　　　入 | 310,000 | 当 座 預 金 | 190,000 |
|   | | | 当 座 借 越 | 110,000 |
|   | | | 現　　　金 | 10,000 |

# 第7章　掛け取引の記録

---
**ポイント**

〈売掛金と買掛金〉

　現代の商品売買は信用取引が慣行となっている。つまり，取引相手との信頼関係によって成り立っている。代金を後日受け取る約束で商品を売り上げたときに「**売掛金**」勘定（資産），代金を後払いの約束で商品を仕入れたときに「**買掛金**」勘定（負債）で処理する。商品売買以外の取引で発生した未収金や未払金とは区別する。

〈売掛金元帳と買掛金元帳〉

　掛け取引関係の帳簿として**売掛金元帳**（得意先元帳）と**買掛金元帳**（仕入先元帳）がある。売掛金元帳には得意先別の掛け取引の明細が記録され，買掛金元帳には仕入先別の掛け取引の明細が記録される。次は，総勘定元帳とこれらの補助元帳との関係を図示したものである（増加のみを示した）。

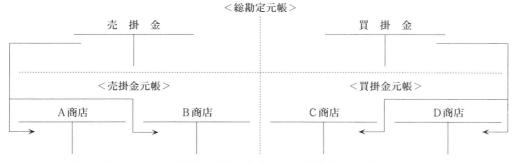

　なお，上記の売掛金元帳と買掛金元帳の商店名は**人名勘定**と呼ばれる。
　売掛金元帳と買掛金元帳のフォームを示すと次のとおりである。

売掛金元帳
藤沢商店　　　　　　　　　　　　　　　　得1

| 平成○年 | 摘　要 | 借　方 | 貸　方 | 借／貸 | 残　高 |
|---|---|---|---|---|---|
| | | | | | |
| | | | | | |

買掛金元帳
横浜商店　　　　　　　　　　　　　　　　仕1

| 平成○年 | 摘　要 | 借　方 | 貸　方 | 借／貸 | 残　高 |
|---|---|---|---|---|---|
| | | | | | |
| | | | | | |

## 設問 1

次の取引を仕訳しなさい。

1. 商品¥280,000を掛けで仕入れた。
2. 商品¥320,000を掛けで売り上げた。
3. 商品¥158,000を仕入れ、代金は来月末に支払われる。
4. かねて掛けで売り上げていた得意先より、商品に破損が見つかり、¥8,000の返品を受けた。
5. 先週掛けで仕入れた商品60個（@¥30,000）のうち、本日、3分の1を戻し、代金は掛け代金から戻した。（第113回類題）
6. かねて静岡商店より掛けで仕入れ、神奈川商店に対して掛けで販売していた商品55ケース（取得原価@¥9,500、売価@¥12,000）のうち、5ケースに汚損があったため、1ケースあたり@¥1,200の値引を承諾し、8ケースについては品違いのために返品されてきた。（第114回類題）
7. 商品¥69,000を掛けで売り渡した取引を、借方、貸方とも誤って¥96,000と記入されていたので、正しい金額に修正した。（第115回類題）

| | 借　　　　方 | 貸　　　　方 |
|---|---|---|
| 1 | | |
| 2 | | |
| 3 | | |
| 4 | | |
| 5 | | |
| 6 | | |
| 7 | | |

## 設問 2

次の取引を総勘定元帳と売掛金元帳に記入しなさい。

6月1日 総勘定元帳と売掛金元帳の勘定残高は次のとおりであった。

＜総勘定元帳＞
売掛金 ￥445,000

＜売掛金元帳＞
藤沢商店 ￥165,000　　鎌倉商店 ￥280,000

5日 藤沢商店に商品￥180,000を掛けで売り上げた。

8日 鎌倉商店から売掛金￥150,000を現金で回収した。

11日 鎌倉商店に商品￥150,000を売り上げ、代金のうち￥100,000は小切手で受け取り、残りは掛けとした。

12日 鎌倉商店へ前日売り上げていた商品に品痛みが発見され、￥12,000の値引きを行った。

18日 藤沢商店から売掛代金￥150,000を現金で回収した。

25日 鎌倉商店から売掛代金￥90,000を現金で回収した。

［総勘定元帳］

売　掛　金

［売掛金元帳］

藤沢商店　　　　　　　　　　　　　　鎌倉商店

### 設問 3

次の取引を総勘定元帳と買掛金元帳に記入しなさい。

6月1日　総勘定元帳と買掛金元帳の勘定残高は次のとおりであった。
　　　　＜総勘定元帳＞
　　　　　　買掛金　　￥334,000
　　　　＜買掛金元帳＞
　　　　　　東京商店　￥122,000　　埼玉商店　￥212,000
　4日　東京商店から商品￥155,000を掛けで仕入れた。
　5日　前日東京商店から仕入れた商品に品違いが見つかり，商品￥8,000を返品した。
　7日　埼玉商店の買掛金￥100,000を現金で支払った。
　12日　東京商店の買掛金￥120,000を現金で支払った。
　18日　埼玉商店から商品￥180,000を仕入れ，代金のうち￥80,000は小切手を振り出して支払い，残りは掛けとした。
　22日　埼玉商店の買掛金￥180,000を現金で支払った。
　25日　東京商店から商品￥50,000を掛けで仕入れた。

［総勘定元帳］

買　掛　金

| | |
|---|---|
| | |
| | |
| | |
| | |

［買掛金元帳］

東京商店

| | |
|---|---|
| | |
| | |
| | |

埼玉商店

| | |
|---|---|
| | |
| | |
| | |

### 設問 4

神奈川商店における，4月中の商品販売および掛代金に関連する取引は次のとおりである。これらの取引および解答欄の売掛金明細表に基づいて，解答欄の売掛金元帳（横浜商店勘定）に必要な記入を行うとともに，売掛金明細表（月末）を完成しなさい。ただし，売掛金元帳の摘要には下記の語群の中から最も適当と思われるものを選び，その**番号**を記

入すること。

4月2日　売掛金￥260,000（横浜商店￥160,000，川崎商店￥100,000）を，各商店振出しの小切手で回収し，ただちに当座預金へ預け入れた。

　　4日　横浜商店に商品￥240,000を売り渡し，代金のうち半額は現金で受け取り，残額は掛けとした。

　　8日　横浜商店に売り渡した商品の一部￥12,000に品違いがあり，返品を受けた。なお，返品分の代金は掛けから差し引くことにした。

　11日　川崎商店に商品￥100,000を売り渡し，代金は掛けとした。

　16日　川崎商店より，売掛金￥80,000を現金で回収した。

　22日　川崎商店に商品￥120,000を売り渡し，代金のうち￥50,000は同店振出しの小切手で受け取り，残額は掛けとした。

　28日　横浜商店より，売掛金￥40,000を現金で受け取った。

【摘要の語群】
1. 売り上げ　　2. 返　品　　3. 現金回収　　4. 小切手回収（当座入金）
5. 次月繰越　　6. 前月繰越

売　掛　金　元　帳
横　浜　商　店

| 平成○年 | | 摘　　要 | 借　方 | 貸　方 | 借または貸 | 残　高 |
|---|---|---|---|---|---|---|
| 4 | 1 | (　　　) | | | | |
| | | (　　　) | | | | |
| | | (　　　) | | | | |
| | | (　　　) | | | | |
| | | (　　　) | | | | |
| | | (　　　) | | | | |
| 5 | 1 | (　　　) | | | | |

※摘要欄の記入は，(　　　)内に番号で行うこと。（次ページにも問題あり）

(1) 　　　　　　　売　掛　金　明　細　表
　　　　　　　　4月1日　　　　　　　　4月30日
横浜商店　　¥　　200,000　　　　¥（　　　　）
川崎商店　　¥　　160,000　　　　¥（　　　　）
　　　　　　¥　　360,000　　　　¥（　　　　）

（第119回類題）

## 設問5

横浜商店における，10月中の商品売買および代金決済に関する取引は次のとおりである。これらの取引に基づいて，(1)買掛金明細書を完成し，(2)売掛金勘定月末残高を答えなさい。（第123回類題）

10月1日　前月繰越高：売掛金¥250,000　買掛金¥300,000
　　8日　埼玉商店からA商品¥400,000を仕入れ，代金のうち半額は小切手を振り出し，残額は掛けとした。
　　12日　東京商店からB商品¥380,000を仕入れ，代金は掛けとした。
　　14日　先月分の商品代金（一部）の支払いとして，埼玉商店に¥100,000，東京商店に¥150,000の小切手を振り出して支払った。
　　18日　先月販売の商品代金（一部）¥200,000を小切手で回収し，ただちに当座預金に預け入れた。
　　22日　得意先にB商品¥420,000を売り上げ，代金のうち半額は得意先振り出しの小切手で受け取り，残額は掛けとした。

(1) 　　　　　　　買　掛　金　明　細　表
　　　　　　　　10月1日　　　　　　　　10月31日
埼玉商店　　¥　　130,000　　　　¥（　　　　　）
東京商店　　¥（　　　　　）　　　¥（　　　　　）
　　　　　　¥（　　　　　）　　　¥（　　　　　）

(2) 　売掛金勘定月末残高　　　¥（　　　　　　）

# 第7章 掛け取引の記録 ── 解 答

## 解答1

| | 借 方 | | 貸 方 | |
|---|---|---:|---|---:|
| 1 | 仕　　　入 | 280,000 | 買　掛　金 | 280,000 |
| 2 | 売　掛　金 | 320,000 | 売　　　上 | 320,000 |
| 3 | 仕　　　入 | 158,000 | 買　掛　金 | 158,000 |
| 4 | 売　　　上 | 8,000 | 売　掛　金 | 8,000 |
| 5 | 買　掛　金 | 600,000 | 仕　　　入 | 600,000 |
| 6 | 売　　　上 | 102,000 | 売　掛　金 | 102,000 |
| 7 | 売　　　上 | 27,000 | 売　掛　金 | 27,000 |

（7の別解）
| | | | | |
|---|---|---:|---|---:|
| | 売　　　上 | 96,000 | 売　掛　金 | 96,000 |
| | 売　掛　金 | 69,000 | 売　　　上 | 69,000 |

## 解答2

[総勘定元帳]

売　掛　金

| | | | | | | |
|---|---|---:|---|---|---|---:|
| 6/1 | 繰　越 | 445,000 | 6/8 | 現　金 | | 150,000 |
| 5 | 売　上 | 180,000 | 12 | 売　上 | | 12,000 |
| 11 | 〃 | 50,000 | 18 | 現　金 | | 150,000 |
| | | | 25 | 〃 | | 90,000 |
| | | | 30 | 残　高 | | 273,000 |

[売掛金元帳]

藤沢商店

| | | | | | |
|---|---|---:|---|---|---:|
| 6/1 | 繰　越 | 165,000 | 6/18 | | 150,000 |
| 5 | | 180,000 | 30 | 残　高 | 195,000 |

鎌倉商店

| | | | | | |
|---|---|---:|---|---|---:|
| 6/1 | 繰　越 | 280,000 | 6/8 | | 150,000 |
| 11 | | 50,000 | 12 | | 12,000 |
| | | | 25 | | 90,000 |
| | | | 30 | 残　高 | 78,000 |

## 解答3

[総勘定元帳]

買　掛　金

| | | | | | |
|---|---|---:|---|---|---:|
| 6/5 | 仕　入 | 8,000 | 6/1 | 繰　越 | 334,000 |
| 7 | 現　金 | 100,000 | 4 | 仕　入 | 155,000 |
| 12 | 〃 | 120,000 | 18 | 〃 | 100,000 |
| 22 | 〃 | 180,000 | 25 | 〃 | 50,000 |

[買掛金元帳]

| 東京商店 | | | | | | 埼玉商店 | | | | |
|---|---|---|---|---|---|---|---|---|---|---|
| 6/ 5 | 返 品 | 8,000 | 6/ 1 | 繰 越 | 122,000 | 6/ 7 | | 100,000 | 6/ 1 | 繰 越 | 212,000 |
| 12 | | 120,000 | 4 | | 155,000 | 22 | | 180,000 | 18 | | 100,000 |
| | | | 25 | | 50,000 | | | | | | |

## 解答 4

売 掛 金 元 帳
横 浜 商 店

| 平成○年 | | 摘　　　要 | 借　方 | 貸　方 | 借または貸 | 残　高 |
|---|---|---|---|---|---|---|
| 4 | 1 | ( 6 ) | 200,000 | | 借 | 200,000 |
| | 2 | ( 4 ) | | 160,000 | 〃 | 40,000 |
| | 4 | ( 1 ) | 120,000 | | 〃 | 160,000 |
| | 8 | ( 2 ) | | 12,000 | 〃 | 148,000 |
| | 28 | ( 3 ) | | 40,000 | 〃 | 108,000 |
| | 30 | ( 5 ) | | 108,000 | 〃 | |
| | | | 320,000 | 320,000 | | |
| 5 | 1 | ( 6 ) | 108,000 | | 借 | 108,000 |

売 掛 金 明 細 表

| | 4月1日 | 4月30日 |
|---|---|---|
| 横浜商店 | ¥ 200,000 | ¥ ( 108,000 ) |
| 川崎商店 | ¥ 160,000 | ¥ ( 150,000 ) |
| | ¥ 360,000 | ¥ ( 258,000 ) |

なお、川崎商店の勘定記入を示せば、次のようになる。

川 崎 商 店

| 4/1 | 繰　越 | 160,000 | 4/2 | 小切手回収 | 100,000 |
|---|---|---|---|---|---|
| 11 | 売　上 | 100,000 | 16 | 現金回収 | 80,000 |
| 22 | 売　上 | 70,000 | | | |

## 解答 5

(1)　　　買 掛 金 明 細 表

| | 10月1日 | 10月31日 |
|---|---|---|
| 埼玉商店 | ¥ 130,000 | ¥ ( 230,000 ) |
| 東京商店 | ¥ ( 170,000 ) | ¥ ( 400,000 ) |
| | ¥ ( 300,000 ) | ¥ ( 630,000 ) |

(2) 売掛金勘定月末残高　　¥（　260,000　）

(1) 10月1日の買掛金勘定残高が¥300,000であるから，東京商店の勘定残高が¥170,000であることがわかる。したがって，埼玉商店と東京商店の勘定記入は次のようになり，それぞれの10月31日の買掛金残高が計算される。

| 埼　玉　商　店 | | | | | 東　京　商　店 | | | | |
|---|---|---|---|---|---|---|---|---|---|
| 10/14 | 支　払 | 100,000 | 10/ 1 | 繰　越 | 130,000 | 10/14 | 支　払 | 150,000 | 10/ 1 | 繰　越 | 170,000 |
| 31 | 繰　越 | 230,000 | 8 | 仕　入 | 200,000 | 31 | 繰　越 | 400,000 | 12 | 仕　入 | 380,000 |

(2) 売掛金勘定の10月の記入は次のようになり，10月31日の残高が判明する。

| 売　掛　金 | | | | | |
|---|---|---|---|---|---|
| 10/ 1 | 繰　越 | 250,000 | 10/18 | 回　収 | 200,000 |
| 22 | 売　上 | 210,000 | 31 | 繰　越 | 260,000 |

# 第8章 手形取引の記録

## ポイント

〈受取手形と支払手形〉

　手形は，商品売買の決済手段として用いられる。手形は将来の一定の日（満期日）に一定の金額を支払うことを約束した証券である。満期日がある点で小切手とは異なる。

　手形には，法律上，約束手形と為替手形がある。手形をどのように用いるかによって異なる。簿記上は手形の債権者か債務者かが大切である。手形上の債権者は「**受取手形**」勘定（資産）で，手形上の債務者であれば「**支払手形**」勘定（負債）で処理する。

　下記に示すように，約束手形の場合には，手形を振り出した側は手形債務者になり，受取人は手形債権者になる。為替手形の場合は，名宛人（指図人ともいう）が手形債務者，受取人が手形債権者となる。為替手形では振出人は手形の債権債務には関係しない。

〈受取手形記入帳と支払手形記入帳〉

　手形関係の帳簿（補助簿）として受取手形記入帳と支払手形記入帳がある。その書式を示せば次のとおりである。

受取手形記入帳

| 平成○年 | | 摘要 | 手形種類 | 手形番号 | 支払人 | 振出人（裏書人） | 振出日 | | 満期日 | | 支払場所 | 手形金額 | てん末 | | |
|---|---|---|---|---|---|---|---|---|---|---|---|---|---|---|---|
| | | | | | | | 月 | 日 | 月 | 日 | | | 日付 | | 摘要 |
| 4 | 5 | 売掛金 | 約手 | 28 | 藤沢商店 | 藤沢商店 | 4 | 5 | 5 | 10 | 銀座銀行 | 240,000 | 4 | 9 | 裏書譲渡 |
| | 15 | 売上 | 為手 | 45 | 平塚商会 | 横浜商店 | 4 | 10 | 5 | 30 | 湘南銀行 | 325,000 | 5 | 6 | 割引 |

支払手形記入帳

| 平成○年 | | 摘要 | 手形種類 | 手形番号 | 受取人 | 振出人 | 振出日 | | 満期日 | | 支払場所 | 手形金額 | てん末 | | |
|---|---|---|---|---|---|---|---|---|---|---|---|---|---|---|---|
| | | | | | | | 月 | 日 | 月 | 日 | | | 日付 | | 摘要 |
| 4 | 2 | 仕入 | 約手 | 18 | 平塚商店 | 当店 | 4 | 2 | 5 | 15 | 藤沢銀行 | 180,000 | 5 | 15 | 満期決済 |
| | 25 | 買掛金 | 為手 | 77 | 東京商店 | 横浜商店 | 4 | 11 | 5 | 20 | 品川銀行 | 420,000 | 5 | 20 | 〃 |

なお，上記の手形記入帳の記録を仕訳で示せば，次のようになる。

| | | | | | | |
|---|---|---|---|---|---|---|
| 4/2 | （借方）仕　　入 | 180,000 | （貸方）支　払　手　形 | 180,000 | | |
| 5 | （借方）受　取　手　形 | 240,000 | （貸方）売　掛　金 | 240,000 | | |
| 9 | （借方）仕　　入 | 320,000 | （貸方）受　取　手　形 | 240,000 | | |
| | | | 買　掛　金 | 80,000 | | |
| 15 | （借方）受　取　手　形 | 325,000 | （貸方）売　　上 | 325,000 | | |
| 25 | （借方）買　掛　金 | 420,000 | （貸方）支　払　手　形 | 420,000 | | |
| 5/6 | （借方）当　座　預　金 | 306,800 | （貸方）受　取　手　形 | 325,000 | | |
| | 手　形　売　却　損 | 18,200 | | | | |
| 15 | （借方）支　払　手　形 | 180,000 | （貸方）当　座　預　金 | 180,000 | | |
| 20 | （借方）支　払　手　形 | 420,000 | （貸方）当　座　預　金 | 420,000 | | |

（注）手形記入帳から読み取れないデータは仮定している。

### 〈手形の裏書譲渡と割引〉

手形の所有者は，その手形を満期日まで保有して現金化できるが（満期決済），他の取引の支払代金に充てるために**裏書譲渡**したり，金融機関で割り引くこともできる。割引とは満期日前に金融機関から資金の融通を受けることであり，その際に割引日から満期日までの法定利息（割引料）を支払うことになる。この割引料は「手形売却損」勘定で処理される。現金として受け取られる金額は手形金額よりも少なくなるので割り引くという。

［例１］商品¥250,000を仕入れ，代金として所有する為替手形¥100,000を裏書譲渡し，残りは掛けとした。

　　　　（借方）仕　　入　　250,000　　（貸方）受　取　手　形　　100,000
　　　　　　　　　　　　　　　　　　　　　　　買　掛　金　　150,000

［例２］所有する約束手形¥150,000を銀行で割り引き，割引料¥8,300を差し引かれた手取額は当座預金に預け入れた。

　　　　（借方）手　形　売　却　損　　8,300　　（貸方）受　取　手　形　　150,000
　　　　　　　当　座　預　金　　141,700

## 設問 1

次の取引を仕訳しなさい。
1．商品¥330,000を仕入れ，約束手形を振り出して支払った。
2．商品¥450,000を売り上げ，代金として同額の約束手形を受け取った。
3．商品¥550,000を仕入れ，代金のうち¥300,000はかねてから売掛金のある得意先Ａ社宛の為替手形を振り出して支払い，残額は掛けとした。Ａ社は引き受け済みである。

4．買掛金のある仕入先Ｂ社より，為替手形￥200,000の引き受けを求められ，承諾した。
5．商品￥280,000を売り上げ，代金としてＣ社を名宛人とする為替手形を受け取った。
6．商品￥550,000を売り上げ，代金として￥330,000はかねて当社が振り出していた約束手形を受け取り，残額は掛けとした。
7．得意先Ｄ社の売掛金￥250,000を回収するために，このＤ社を名宛人とする自己受け為替手形を振り出した。Ｄ社は引き受け済みである。
8．得意先Ｅ社の売掛金￥320,000の回収として，かねて当社が引き受けた為替手形￥200,000とＥ社振り出しの小切手￥120,000を受け取った。
9．かねて振り出していた約束手形￥330,000の満期日が到来し，決済された旨の通知を取引銀行から受け取った。
10．手持ちしていた約束手形￥450,000を銀行で割り引き，割引料￥28,000を差し引かれた手取金は当座預金に預け入れた。

|  | 借　　方 | 貸　　方 |
| --- | --- | --- |
| 1 |  |  |
| 2 |  |  |
| 3 |  |  |
| 4 |  |  |
| 5 |  |  |
| 6 |  |  |
| 7 |  |  |
| 8 |  |  |
| 9 |  |  |
| 10 |  |  |

## 設問 2

次の取引を受取手形記入帳と支払手形記入帳に記入しなさい。

10月 5日　商品を藤沢商店に売り上げ，代金￥350,000は藤沢商店が振り出した約束手形（手形番号#38，満期日11月5日，支払場所 湘南銀行）で受け取った。

　　12日　東京商店の買掛金￥220,000を支払うため，約束手形（手形番号#54，満期日11月12日，支払場所 鎌倉銀行）を振り出して支払った。

　　15日　平塚商店の売掛金￥300,000を回収するため，平塚商店から為替手形（振出日9月30日，振出人 大宮商店，名宛人 越谷商店，手形番号#75，満期日10月30日，支払場所 埼玉銀行）の裏書譲渡を受けた。

　　20日　買掛金のある仕入先の横浜商店より，横浜商店振り出し品川商店受取の為替手形￥450,000（手形番号#66，満期日11月25日，支払場所 東京銀行）の引き受けを依頼され，引き受けた。

　　22日　平塚商店宛の為替手形￥300,000を銀行で割り引いた。

　　25日　藤沢商店振り出しの上記約束手形￥350,000を買掛金支払いのために裏書譲渡した。

11月12日　約束手形￥220,000（手形番号#54）が満期となり，銀行から当座預金から支払われたことの通知を受け取った。

　　20日　為替手形￥450,000（手形番号#66）の満期日が到来し決済された。

受取手形記入帳

| 平成 ○年 | 摘要 | 手形種類 | 手形番号 | 支払人 | 振出人（裏書人） | 振出日 月 日 | 満期日 月 日 | 支払場所 | 手形金額 | てん末 日付 | てん末 摘要 |
|---|---|---|---|---|---|---|---|---|---|---|---|
| | | | | | | | | | | | |

支払手形記入帳

| 平成 ○年 | 摘要 | 手形種類 | 手形番号 | 受取人 | 振出人 | 振出日 月 日 | 満期日 月 日 | 支払場所 | 手形金額 | てん末 日付 | てん末 摘要 |
|---|---|---|---|---|---|---|---|---|---|---|---|
| | | | | | | | | | | | |

## 設問 3

次の受取手形記入帳の記録に基づき，解答用紙に示してある日付の仕訳を行いなさい。
（第115回類題）

受取手形記入帳

| 平成○年 | | 摘要 | 金額 | 手形種類 | 手形番号 | 支払人 | 振出人または裏書人 | 振出日 | | 支払期日 | | 支払場所 | てん末 | | |
|---|---|---|---|---|---|---|---|---|---|---|---|---|---|---|---|
| | | | | | | | | | | | | | 月 | 日 | 摘要 |
| 1 | 5 | 売掛金回収 | 260,000 | 為手 | 1 | 仙台商店 | 福島商店 | 1 | 5 | 2 | 5 | 青葉銀行 | 2 | 5 | 取立 |
| | 9 | 商品売上 | 350,000 | 約手 | 3 | 山形商店 | 山形商店 | 1 | 9 | 3 | 9 | 天童銀行 | 2 | 9 | 裏書譲渡 |

| | 借　　　　方 | | 貸　　　　方 | |
|---|---|---|---|---|
| 1/5 | （　　　　） | 260,000 | （　　　　） | 260,000 |
| 1/9 | （　　　　） | 350,000 | （　　　　） | 450,000 |
| | 売　掛　金 | 100,000 | | |
| 2/5 | 当　座　預　金 | 260,000 | （　　　　） | 260,000 |
| 2/9 | 仕　　　　入 | 480,000 | （　　　　） | 350,000 |
| | | | 買　掛　金 | 130,000 |

## 設問 4

次の取引を仕訳しなさい。

1．仕入先東京商店から¥80,000の為替手形の引き受けを求められたので，これに記名押印して同店に渡した。なお，当店はこの仕入先に対して¥200,000の商品代金の未払がある。（第113回類題）
2．横浜商店から商品¥240,000を仕入れ，代金のうち¥100,000については，神奈川商店振り出し，藤沢商店あて（引受済）の為替手形を裏書譲渡し，残額については小切手を振り出して支払った。なお，当座預金残高は¥80,000であったが取引銀行と当座借越契約（借越限度¥500,000）を結んである。（第114回類題）
3．以前に売上代金の一部として受け取っていた得意先振り出しの約束手形¥150,000を取引銀行で割り引き，割引料¥3,000を差し引かれた手取金は当座預金とした。（第119回類題）
4．仕入先熱海商店から商品¥450,000を仕入れ，代金のうちに¥200,000については神奈川商店振り出し，当店受取りの約束手形を裏書譲渡し，残額についてはかねてより売掛金のある得意先平塚商店を名宛人，熱海商店を受取人とする為替手形（引受済）を

振り出して支払った。なお，引取運賃¥3,000については現金で支払った。（第122回類題）

5．大船商店へ商品を¥500,000を売り渡し，代金のうち¥300,000については，かねて当店が横浜商店を受取人，鎌倉商店を名宛人として振り出した為替手形を裏書譲渡され，残額については月末に受け取ることにした。（第116回類題）

| | 借　　方 | 貸　　方 |
|---|---|---|
| 1 | | |
| 2 | | |
| 3 | | |
| 4 | | |
| 5 | | |

# 第8章 手形取引の記録 ── 解 答

## 解答1

仕訳は以下のとおりとなる。

|  | 借　　　　方 |  | 貸　　　　方 |  |
|---|---|---|---|---|
| 1 | 仕　　　　入 | 330,000 | 支　払　手　形 | 330,000 |
| 2 | 受　取　手　形 | 450,000 | 売　　　　上 | 450,000 |
| 3 | 仕　　　　入 | 550,000 | 売　掛　金 | 300,000 |
|  |  |  | 買　掛　金 | 250,000 |
| 4 | 買　掛　金 | 200,000 | 支　払　手　形 | 200,000 |
| 5 | 受　取　手　形 | 280,000 | 売　　　　上 | 280,000 |
| 6 | 支　払　手　形 | 330,000 | 売　　　　上 | 550,000 |
|  | 売　掛　金 | 220,000 |  |  |
| 7 | 受　取　手　形 | 250,000 | 売　掛　金 | 250,000 |
| 8 | 支　払　手　形 | 200,000 | 売　掛　金 | 320,000 |
|  | 現　　　　金 | 120,000 |  |  |
| 9 | 支　払　手　形 | 330,000 | 当　座　預　金 | 330,000 |
| 10 | 当　座　預　金 | 422,000 | 受　取　手　形 | 450,000 |
|  | 手　形　売　却　損 | 28,000 |  |  |

7の自己受け為替手形とは，自社を受取人として為替手形を振り出すことを指している。自己受け為替手形という手形があるわけではない。

## 解答2

手形記入帳の一番左の「てん末」欄はその手形が最終的にどのような結果になったかを記録する場所である。38の約束手形は10/25に裏書譲渡によって消滅したということになる。一般に，受取手形は「裏書譲渡」か「割引」，あるいは「満期受取」が記入され，支払手形は「満期決済」になる。

受取手形記入帳

| 平成○年 | | 摘要 | 手形種類 | 手形番号 | 支払人 | 振出人（裏書人） | 振出日 | | 満期日 | | 支払場所 | 手形金額 | てん末 | |
|---|---|---|---|---|---|---|---|---|---|---|---|---|---|---|
| | | | | | | | 月 | 日 | 月 | 日 | | | 日付 | 摘要 |
| 10 | 5 | 売　上 | 約手 | 38 | 藤沢商店 | 藤沢商店 | 10 | 5 | 11 | 5 | 湘南銀行 | 350,000 | 10/25 | 裏書譲渡 |
| | 15 | 売掛金 | 為手 | 75 | 越谷商店 | 大宮商店 | 9 | 30 | 10 | 30 | 埼玉銀行 | 300,000 | 10/22 | 割　引 |

支払手形記入帳

| 平成○年 | | 摘要 | 手形種類 | 手形番号 | 受取人 | 振出人 | 振出日 | | 満期日 | | 支払場所 | 手形金額 | てん末 | |
|---|---|---|---|---|---|---|---|---|---|---|---|---|---|---|
| | | | | | | | 月 | 日 | 月 | 日 | | | 日付 | 摘要 |
| 10 | 12 | 買掛金 | 約手 | 54 | 東京商店 | 当　店 | 10 | 12 | 11 | 12 | 鎌倉銀行 | 220,000 | 11/12 | 満期決済 |
| | 20 | 買掛金 | 為手 | 66 | 品川商店 | 横浜商店 | 10 | 20 | 11 | 25 | 東京銀行 | 450,000 | 11/20 | 〃 |

## 解答 3

「受取手形記入帳」に記録されるということは，受取手形勘定が増減したことを示している。したがって，本問では，解答欄のすべての日に「受取手形」勘定が関係していることになる。

|      | 借　　　方 |  | 貸　　　方 |  |
|------|------------|---------|------------|---------|
| 1/5  | （受　取　手　形） | 260,000 | （売　掛　金） | 260,000 |
| 1/9  | （受　取　手　形） | 350,000 | （売　　　上） | 450,000 |
|      | 売　掛　金 | 100,000 |  |  |
| 2/5  | 当　座　預　金 | 260,000 | （受　取　手　形） | 260,000 |
| 2/9  | 仕　　　入 | 480,000 | （受　取　手　形） | 350,000 |
|      |  |  | 買　掛　金 | 130,000 |

## 解答 4

|   | 借　　　方 |  | 貸　　　方 |  |
|---|------------|---------|------------|---------|
| 1 | 買　掛　金 | 80,000  | 支　払　手　形 | 80,000  |
| 2 | 仕　　　入 | 240,000 | 受　取　手　形 | 100,000 |
|   |  |  | 当　座　預　金 | 80,000  |
|   |  |  | 当　座　借　越 | 60,000  |
| 3 | 当　座　預　金 | 147,000 | 受　取　手　形 | 150,000 |
|   | 手　形　売　却　損 | 3,000 |  |  |
| 4 | 仕　　　入 | 453,000 | 受　取　手　形 | 200,000 |
|   |  |  | 売　掛　金 | 250,000 |
|   |  |  | 現　　　金 | 3,000   |
| 5 | 受　取　手　形 | 300,000 | 売　　　上 | 500,000 |
|   | 売　掛　金 | 200,000 |  |  |

# 第9章　有価証券取引の記録

---
**ポイント**

〈有価証券の購入〉

　有価証券は，株式や社債，国債などの債券である。一時的な資金運用（時価の変動による利益を得る目的）として他社の株式や社債を購入したときに「**売買目的有価証券**」勘定で処理する。購入の際に売買手数料などの費用が発生する。これらの諸費用は売買目的有価証券に含めて処理する。

［例］：藤沢商事（株）の株式¥285,000を購入し，手数料¥20,000とともに現金で支払った。

　　（借方）売買目的有価証券　　305,000　　　（貸方）現　　　　　金　　305,000

〈有価証券の売却〉

　所有する株式，社債等を売却したときに，帳簿価額と売却価額との差額は「**有価証券売却損**」勘定（費用）または「**有価証券売却益**」勘定（収益）で処理する。

［例］：所有する藤沢商事（株）の株式（帳簿価額¥305,000）を¥250,000売却し，小切手で受け取った。

　　（借方）現　　　　　金　　250,000　　　（貸方）売買目的有価証券　　305,000
　　　　　　有価証券売却損　　 55,000

　なお，株式について配当金を受け取ったときには「**受取配当金**」勘定で，公債，社債の利息を受け取ったときには「**受取利息**」または「**有価証券利息**」勘定で処理する。

〈有価証券の評価〉

　売買目的有価証券を決算時において保有している場合には，これを決算時の時価に修正しなければならない。帳簿価額と時価との差額は，「**有価証券評価損**」勘定（費用）または「**有価証券評価益**」勘定（収益）で処理する。詳しくは，第13章を参照。

［例］：所有する株式（帳簿価額¥450,000）の決算時における時価は¥520,000であった。

　　（借方）売買目的有価証券　　 70,000　　　（貸方）有価証券評価益　　 70,000

## 設問 1

次の取引を仕訳しなさい。

1. 売買目的のために横浜商事株式会社株式500株を 1 株￥1,600で購入し，売買手数料￥24,000とともに小切手を振り出して支払った。
2. 神奈川物産株式会社の社債￥2,000,000を￥100につき￥98で購入し，現金で支払った。
3. 上記の所有する横浜商事株式会社株式のうち半分の250株を 1 株￥1,820で売却し，代金は相手の振り出した小切手で受け取った。
4. 上記の神奈川物産株式会社の社債￥2,000,000を￥100につき￥97.5で売却し，代金は月末に受け取ることとした。
5. 配当金￥18,000を現金で受け取った。
6. 売買目的有価証券の勘定残高は￥380,000であったが，決算時における時価は￥415,000であった。

|   | 借 方 | 貸 方 |
|---|---|---|
| 1 |   |   |
| 2 |   |   |
| 3 |   |   |
| 4 |   |   |
| 5 |   |   |
| 6 |   |   |

## 設問 2

次の文章について，正しければ「○」，誤っていれば「×」を記入しなさい。

1. （　　）売買を目的として購入した株式は有価証券勘定で処理する。
2. （　　）有価証券を購入するときに証券会社に支払った手数料を費用として処理した。
3. （　　）売買目的の有価証券の評価は決算時における時価で行った。
4. （　　）社債について利息を受け取ったときには，受取利息勘定か有価証券利息勘定で処理した。
5. （　　）売買目的有価証券の時価が取得原価または帳簿価額と異なるときには，売買

## 設問 3

次の各取引について仕訳しなさい。

1．売買を目的として額面¥3,000,000の横浜商事株式会社社債を額面¥100につき¥97で購入し，代金は購入手数料¥8,000とともに小切手を振り出して支払った。なお，当座預金の残高は¥2,650,000であるが，借越限度額¥1,000,000の当座借越契約を結んでいる。（第121回類題）
2．当期首に売買目的のため1株¥650で購入した神奈川産業株式会社の株式5,000株のうち，3,000株を1株¥610で売却し，代金は当座預金口座に振り込まれた。（第118回類題）
3．当期中に売買目的で取得した横浜通信株式会社株式5,000株（1株当たり購入単価：¥960，その他に購入時に証券会社に支払った手数料は総額で¥25,000）のうち，3,000株を1株につき¥968で売却し，代金は月末に受け取ることにした。（第116回類題）
4．当期に売買目的で額面¥100につき¥97.5，購入手数料¥21,000で買い入れた額面総額¥2,000,000の横浜商工株式会社社債を額面¥100につき，¥98.4で売却し，代金は月末に受け取ることにした。（第123回類題）

| | 借方科目 | 金　額 | 貸方科目 | 金　額 |
|---|---|---|---|---|
| 1 | 有価証券 | 2,918,000 | 当座預金<br>当座借越 | 2,650,000<br>268,000 |
| 2 | 当座預金<br>有価証券売却損 | 1,830,000<br>120,000 | 有価証券 | 1,950,000 |
| 3 | 未収金 | 2,904,000 | 有価証券<br>有価証券売却益 | 2,895,000<br>9,000 |
| 4 | 未収金<br>有価証券売却損 | 1,968,000<br>3,000 | 有価証券 | 1,971,000 |

# 第9章 有価証券取引の記録 ―――― 解　答

## 解答1

|   | 借　方 |   | 貸　方 |   |
|---|---|---|---|---|
| 1 | 売買目的有価証券 | 824,000 | 当 座 預 金 | 824,000 |
| 2 | 売買目的有価証券 | 1,960,000 | 現　　　金 | 1,960,000 |
| 3 | 現　　　金 | 455,000 | 売買目的有価証券 | 412,000 |
|   |   |   | 有価証券売却益 | 43,000 |
| 4 | 未 収 金 | 1,950,000 | 売買目的有価証券 | 1,960,000 |
|   | 有価証券売却損 | 10,000 |   |   |
| 5 | 現　　　金 | 18,000 | 受 取 配 当 金 | 18,000 |
| 6 | 売買目的有価証券 | 35,000 | 有価証券評価益 | 35,000 |

## 解答2

1．（ × ）　2．（ × ）　3．（ ○ ）　4．（ ○ ）　5．（ ○ ）

1．については，「売買目的有価証券」勘定で処理する。2．の手数料は売買目的有価証券の金額に加算して処理する。

## 解答3

|   | 借方科目 | 金　額 | 貸方科目 | 金　額 |
|---|---|---|---|---|
| 1 | 売買目的有価証券 | 2,918,000 | 当 座 預 金 | 2,650,000 |
|   |   |   | 当 座 借 越 | 268,000 |
| 2 | 当 座 預 金 | 1,830,000 | 売買目的有価証券 | 1,950,000 |
|   | 有価証券売却損 | 120,000 |   |   |
| 3 | 未 収 金 | 2,904,000 | 売買目的有価証券 | 2,895,000 |
|   |   |   | 有価証券売却益 | 9,000 |
| 4 | 未 収 金 | 1,968,000 | 売買目的有価証券 | 1,971,000 |
|   | 有価証券売却損 | 3,000 |   |   |

# 第10章　その他の取引の記録

> **ポイント**
>
> 〈固定資産〉
>
> 　資産のうち，長期的に使用可能なものを固定資産という。たとえば，建物，土地，機械，備品，構築物などをいう。これらの固定資産を購入したときに「建物」などの資産名で記録する。固定資産の取得には取得のために，買入手数料，取得税などのさまざまな費用（付随費用）が発生する。この諸費用は取得した固定資産の価額に含めて処理される。
>
> 　固定資産を売却したときには，売却価額と帳簿価額（第14章で説明される）との差額を「固定資産売却益」または「固定資産売却損」として処理する。
>
> 〈未収金，未払金〉
>
> 　建物の売却など，商品の売買以外の取引で生じた代金の未収額は「未収金」勘定（資産），備品の購入など，商品の売買以外の取引で生じた代金の未払額は「未払金」勘定（負債）で処理する。
>
> 〈前受金，前払金〉
>
> 　商品代金の一部を事前に支払ったときには「前払金」勘定（資産），受け取ったときには「前受金」勘定（負債）で処理する。
>
> 〈仮受金，仮払金〉
>
> 　金額が不確定であったり，取引内容が不明であったとき，一時的に処理しておくのが仮受金，仮払金勘定である。たとえば，社員の出張にあたって出張前に概算額で旅費交通費が支払われることがある。この支払額は出張から帰ったときに精算され，正確な金額が判明する。この場合の概算額を支払ったときに「仮払金」勘定（資産）で処理する。また，当座預金口座に振込みがあったが，その内容が不明のときには，「仮受金」勘定（負債）で処理しておく。
>
> 〈商品券，他店商品券〉
>
> 　百貨店や専門店などで，商品券を発行し販売することがある。商品券を販売したときには「商品券」勘定（負債）で処理する。また，他の系列店で販売した商品券を受け取ったときには，「他店商品券」勘定（資産）として処理する。

〈手形貸付金，手形借入金〉

　手形は商品売買の時に使用する場合（これを商業手形という）のほかに，資金の貸借のときに用いる場合（金融手形という）もある。資金を手形を振り出して借り入れた場合に「**手形借入金**」勘定（負債），手形を受け取って貸しつけたときに「**手形貸付金**」勘定（資産）で処理する。なお，この際に借入（貸付）期間に対する利息を差し引かれる（受け取る）ことがある。

〈引出金〉

　個人企業で，事業主（店主）が家計のため等の個人的理由で店のお金を使用したりすることがある。これは実質的には資本金の引き出しである。店主が引き出した金額を「資本金」勘定から直接控除しないで一時的に「**引出金**」勘定で処理しておき，決算のときに資本金勘定と相殺することがある。

〈消耗品，消耗品費〉

　事務用として用いる帳簿，鉛筆，消しゴム類などの消耗品の処理には，次のようないくつかの方法がある。

① 購入時に「**消耗品**」勘定（資産）で処理する方法。この場合には，使用した金額を「**消耗品費**」勘定（費用）へ振り替える方法と何も記録しない方法がある。後者の場合には決算で修正される。

② 購入時に「**消耗品費**」勘定で処理する方法。決算で未使用の金額について修正が必要になる。詳しくは第13章を参照。

〈預り金，立替金〉

　給料の支払いのときに社員の所得税や保険料などが控除されるが，これは企業側が社員に代わって税務署や保険庁に支払ってくれるものである。このときに「**預り金**」勘定（負債）で処理する。また，他社が負担しなければならない代金を自社が立て替えて支払ったときには「**立替金**」勘定（資産）で処理する。

〈租税公課〉

　固定資産税や印紙税を支払ったときに「**租税公課**」勘定（費用）で処理する。

## 設問 1

次の取引を仕訳しなさい。

1. 建物￥2,550,000を購入し，代金は小切手を振り出して支払った。この購入に当たり，買入手数料，登記費用等の代金￥280,000は現金で支払った。
2. 土地（帳簿価額￥25,650,000）を￥30,850,000で売却し，代金は後日当座預金に振り込まれることになっている。
3. パソコン￥380,000を購入し，代金は来月の5日に支払うことになっている。このパソコン購入にあたり設置費として￥5,600を現金で支払った。
4. 商品￥450,000を注文し，手付金として￥45,000を現金で支払った。
5. 上記商品が到着し，手付金を除く残額は掛けとした。
6. 社員Aが大阪に出張するに当たり，旅費概算額として￥150,000を現金で手渡した。
7. 上記社員Aが帰社し，旅費の精算を行い，不足額￥15,000を現金で支払った。
8. 北海道に出張していた社員Bから当座預金へ￥220,000の振り込みがあったが，内容は不明である。
9. その後，上記社員Bより，この振り込みは札幌商店への売掛金の回収であった旨の連絡があった。
10. 店舗の建物と土地に係る固定資産税￥228,000を現金で納付した。
11. 従業員への給料の支払いにあたって，給料総額￥1,825,000から，所得税の源泉徴収分￥156,000と社会保険料の従業員負担分￥122,000を差し引き，残額を現金で支給した。
12. 当店の商品券￥500,000を販売し，現金で受け取った。
13. 商品￥180,000を売り渡し，代金は当店と連盟している品川商店の商品券で受け取った。
14. 今月分の水道光熱費￥33,000を当座預金の口座から振り替えて支払った。このうち30％は事業主個人の家計が負担すべき金額である。
15. 事務用消耗品￥48,000を購入し，現金で支払った。
16. 埼玉商店から，年利率3％，期間6カ月の条件で￥600,000を借り入れ，現金で受け取った。なお，利息を含めた金額の約束手形を埼玉商店あてに振り出した。利息は月割計算するものとし，約束手形の振り出しに伴う債務は手形金額で記帳すること。

| | 借方科目 | 金　額 | 貸方科目 | 金　額 |
|---|---|---|---|---|
| 1 | | | | |
| 2 | | | | |
| 3 | | | | |
| 4 | | | | |
| 5 | | | | |
| 6 | | | | |
| 7 | | | | |
| 8 | | | | |
| 9 | | | | |
| 10 | | | | |
| 11 | | | | |
| 12 | | | | |
| 13 | | | | |
| 14 | | | | |
| 15 | | | | |
| 16 | | | | |

## 設問2

次の各取引を仕訳しなさい。ただし、勘定科目は、次の中から最も適当と思われるものを選ぶこと。

| 現　　　　金 | 売　掛　金 | 当　座　預　金 | 前　払　金 |
| 仮　払　金 | 未　収　金 | 備　　　　品 | 他店商品券 |
| 従業員立替金 | 仮　受　金 | 未　払　金 | 従業員貸付金 |
| 買　掛　金 | 保　険　料 | 商　品　券 | 店主引出金 |
| 給　　　　料 | 消耗品費 | 受　取　利　息 | 仕　　　　入 |
| 前　受　金 | 建　　　物 | 手形貸付金 | 手形借入金 |
| 所得税預り金 | 有価証券売却損 | 売買目的有価証券 | |

1．新入社員向け事務処理用パソコン5台（@¥105,000）を購入し、代金は月末に支払うこととした。なお、パソコンのセッティング費用¥8,400については小切手を振り出して支払った。（第123回類題）

2．従業員10名が負担すべき当月分の生命保険料¥320,000を小切手を振り出して支払った。当月末にこの生命保険料は、従業員の給料（総額¥3,800,000）から差し引くこととした。（第113回類題）

3．近くの電器店からオフィス機器¥300,000と事務用消耗品¥25,000を購入した。代金のうち、¥125,000は、小切手を振り出して支払い、残額は翌月末からの6回払いとした。（第113回類題）

4．商品券の精算をするため、当店が保有している他店商品券¥130,000と、他店が保有している当店発行の商品券¥160,000とを交換し、差額については現金で決済した。（第114回類題）

5．店主の生命保険料¥65,000と店舗兼住居用の建物の火災保険料¥150,000について、当座預金口座より引き落とされた旨の通知が取引銀行からあった。ただし、火災保険料のうち30％分は、店主個人住居部分に対してである。（第114回類題）

6．今月の給料支給総額¥2,750,000から、従業員に対する貸付金の返済額¥400,000およびその利息¥7,500と所得税の源泉徴収分¥185,000を差し引き、手取額を当座預金口座から振り込んだ。（第114回類題）

7．従業員の出張にさいし、旅費の概算額¥120,000を現金で手渡した。（第115回類題）

8．商品¥100,000を仕入れ、代金のうち¥20,000はすでに支払ってある手付金で充当し、残額は掛けとした。（第115回類題）

9．営業用の建物を¥4,500,000で購入し、代金は当月末に支払うこととした。なお、仲介手数料¥150,000について、小切手を振り出して支払った。（第116回類題）

10．前月末に得意先より¥230,000が当座預金に振り込まれ、その内容が不明であったた

め仮受金として処理していたが，本日得意先から連絡が入り，その内訳が売掛金の回収額¥180,000と注文を受けた商品¥500,000に対する内金¥50,000であることが判明した。（第116回類題）

11. 当期中に売買目的で取得した横浜通信株式会社株式5,000株（1株当たり購入単価：¥960，その他に購入時に証券会社に支払った手数料は総額で¥25,000）のうち，3,000株を1株につき¥963で売却し，代金は月末に受け取ることにした。（第116回類題）

12. 約束手形を振り出して¥500,000を借り入れ，その全額が当座預金の口座に振り込まれた。（第119回類題）

|    | 借 方 科 目 | 金　　額 | 貸 方 科 目 | 金　　額 |
|----|------------|---------|------------|---------|
| 1  |            |         |            |         |
| 2  |            |         |            |         |
| 3  |            |         |            |         |
| 4  |            |         |            |         |
| 5  |            |         |            |         |
| 6  |            |         |            |         |
| 7  |            |         |            |         |
| 8  |            |         |            |         |
| 9  |            |         |            |         |
| 10 |            |         |            |         |
| 11 |            |         |            |         |
| 12 |            |         |            |         |

## 設問 3

個人企業の横浜商店（決算日は12月31日）は，資本の引出しに関する取引を資本金勘定で記録しており，平成○年における同店の資本金勘定の記入は次のとおりであった。

資　本　金

| | | | | | |
|---|---|---|---|---|---|
| 4/15 | 現　　金 | 78,000 | 1/ 1 | 前期繰越 | 2,300,000 |
| 6/18 | 当座預金 | 71,000 | 8/31 | 土　　地 | 1,000,000 |
| 10/23 | 現　　金 | 41,000 | 12/31 | 損　　益 | 407,000 |
| 11/10 | 仕　　入 | 67,000 | | | |
| **12/31** | **次期繰越** | **3,450,000** | | | |
| | | 3,707,000 | | | 3,707,000 |
| | | | 1/ 1 | 前期繰越 | 3,450,000 |

仮に資本の引出しに関する取引を資本金勘定と引出金勘定で記帳した場合，次の各勘定の(a)から(e)までの空欄に当てはまる語句または金額を記入しなさい。なお平成○年における資本の追加元入れは８月31日の取引のみである。（第113回類題）

引　出　金

| | | | | | |
|---|---|---|---|---|---|
| 4/15 | 現　　金 | 78,000 | 12/31 | (　b　) | (　　) |
| (　) | (　　) | (　　) | | | |
| 10/23 | 現　　金 | 41,000 | | | |
| (　) | (　a　) | (　　) | | | |
| | | (　　) | | | (　　) |

資　本　金

| | | | | | |
|---|---|---|---|---|---|
| 12/31 | (　c　) | (　　) | 1/ 1 | 前期繰越 | 2,300,000 |
| 〃 | **次期繰越** | **3,450,000** | (　) | (　　) | (　d　) |
| | | | 12/31 | (　e　) | (　　) |
| | | (　　) | | | (　　) |
| | | | 1/ 1 | 前期繰越 | 3,450,000 |

| a | | b | | c | | d | | e | |
|---|---|---|---|---|---|---|---|---|---|

# 第10章　その他の取引の記録 ── 解　答

## 解答1

| | 借方科目 | 金　額 | 貸方科目 | 金　額 |
|---|---|---:|---|---:|
| 1 | 建　　　　物 | 2,830,000 | 当 座 預 金 | 2,550,000 |
|   |  |  | 現　　　　金 | 280,000 |
| 2 | 未　収　金 | 30,850,000 | 土　　　　地 | 25,650,000 |
|   |  |  | 固定資産売却益 | 5,200,000 |
| 3 | 備　　　　品 | 385,600 | 未　払　金 | 380,000 |
|   |  |  | 現　　　　金 | 5,600 |
| 4 | 前　払　金 | 45,000 | 現　　　　金 | 45,000 |
| 5 | 仕　　　　入 | 450,000 | 前　払　金 | 45,000 |
|   |  |  | 買　掛　金 | 405,000 |
| 6 | 仮　払　金 | 150,000 | 現　　　　金 | 150,000 |
| 7 | 旅 費 交 通 費 | 165,000 | 仮　払　金 | 150,000 |
|   |  |  | 現　　　　金 | 15,000 |
| 8 | 当 座 預 金 | 220,000 | 仮　受　金 | 220,000 |
| 9 | 仮　受　金 | 220,000 | 売　掛　金 | 220,000 |
| 10 | 租　税　公　課 | 228,000 | 現　　　　金 | 228,000 |
| 11 | 給　　　　料 | 1,825,000 | 預　り　金 | 278,000 |
|   |  |  | 現　　　　金 | 1,547,000 |
| 12 | 現　　　　金 | 500,000 | 商　品　券 | 500,000 |
| 13 | 他 店 商 品 券 | 180,000 | 売　　　　上 | 180,000 |
| 14 | 水 道 光 熱 費 | 23,100 | 当 座 預 金 | 33,000 |
|   | 引　出　金 | 9,900 |  |  |
| 15 | 消　耗　品 | 48,000 | 現　　　　金 | 48,000 |
| 16 | 現　　　　金 | 600,000 | 手 形 借 入 金 | 609,000 |
|   | 支　払　利　息 | 9,000 |  |  |

11の「預り金」は次の科目でもよい。

　　所得税預り金　　　156,000

　　社会保険料預り金　122,000

14の「引出金」は「店主引出金」，「資本金」でもよい。

15の借方は「消耗品費」でもよい。

## 解答2

| | 借方科目 | 金額 | 貸方科目 | 金額 |
|---|---|---:|---|---:|
| 1 | 備品 | 533,400 | 未払金 | 525,000 |
| | | | 当座預金 | 8,400 |
| 2 | 従業員立替金 | 320,000 | 当座預金 | 320,000 |
| 3 | 備品 | 300,000 | 当座預金 | 125,000 |
| | 消耗品費 | 25,000 | 未払金 | 200,000 |
| 4 | 商品券 | 160,000 | 他店商品券 | 130,000 |
| | | | 現金 | 30,000 |
| 5 | 引出金 | 45,000 | 当座預金 | 215,000 |
| | 保険料 | 170,000 | | |
| 6 | 給料 | 2,750,000 | 従業員貸付金 | 400,000 |
| | | | 受取利息 | 7,500 |
| | | | 所得税預り金 | 185,000 |
| | | | 当座預金 | 2,157,500 |
| 7 | 仮払金 | 120,000 | 現金 | 120,000 |
| 8 | 仕入 | 100,000 | 前払金 | 20,000 |
| | | | 買掛金 | 80,000 |
| 9 | 建物 | 4,650,000 | 未払金 | 4,500,000 |
| | | | 当座預金 | 150,000 |
| 10 | 仮受金 | 230,000 | 売掛金 | 180,000 |
| | | | 前受金 | 50,000 |
| 11 | 未収金 | 2,889,000 | 売買目的有価証券 | 2,895,000 |
| | 有価証券売却損 | 6,000 | | |
| 12 | 当座預金 | 500,000 | 手形借入金 | 500,000 |

5の借方の「引出金」は「店主引出金」でもよい。

## 解答 3

引出金と資本金勘定への記入を行った結果を示せば，次のようになる。

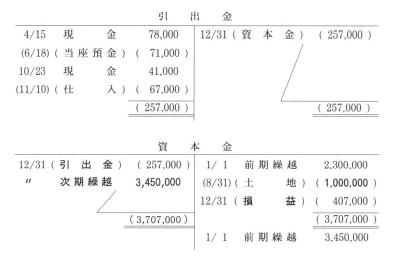

| a | 仕　　入 | b | 資 本 金 | c | 引 出 金 | d | 1,000,000 | e | 損　　益 |

　資本の引出しに関する取引を資本金と引出金の 2 つの勘定で処理する場合には，期間中の店主引出金を「引出金」勘定で処理し，決算時にその総額を「資本金」勘定に振り返ることになる。次の仕訳になる。

　　　（借方）資　本　金　　257,000　　　　（貸方）引　出　金　　257,000

　つまり，引出金勘定は資本金の控除的性質をもつことになる。

　なお，8/31 の取引は店主の所有する土地を追加元入れしたものである。

# 第11章　伝票と帳簿組織

> **─ポイント─**
>
> ### 〈伝　票〉
> 　伝票は，仕訳帳の代わりに取引を記録する紙片です。これには，入金伝票，出金伝票，振替伝票を用いる3伝票制と，これらのほかに仕入伝票と売上伝票を用いる5伝票制がある。ここでは，3伝票制を説明する。
> - 入金伝票……現金の増加（収入）を伴う取引に用いる。
> - 出金伝票……現金の減少（支出）を伴う取引に用いる。
> - 振替伝票……現金の収支を伴わない取引に用いる。
>
> 次の伝票は，以下の取引を記録したものである。
> ①　売掛金￥45,000を現金で回収した。
> ②　給料￥88,000を現金で支払った。
> ③　商品￥250,000を掛けで仕入れた。
>
> ①
>
> | 入金伝票 ||
> |---|---|
> | 科　目 | 金　額 |
> | 売掛金 | 45,000 |
>
> ②
>
> | 出金伝票 ||
> |---|---|
> | 科　目 | 金　額 |
> | 給　料 | 88,000 |
>
> ③
>
> | 振替伝票 ||||
> |---|---|---|---|
> | 借方科目 | 金　額 | 貸方科目 | 金　額 |
> | 仕　入 | 250,000 | 買掛金 | 250,000 |
>
> 以上を仕訳で示せば次のようになる。
> ①（借方）現　　　金　　45,000　　（貸方）売　掛　金　　45,000
> ②（借方）給　　　料　　88,000　　（貸方）現　　　金　　88,000
> ③（借方）仕　　　入　250,000　　（貸方）買　掛　金　250,000
>
> ### 〈帳簿組織〉
> 　企業は，取引をさまざまな帳簿に記録する。帳簿には次に示すように**主要簿**と**補助簿**がある。
> 　　主要簿……仕訳帳，総勘定元帳
> 　　補助簿 ┬ 補助記入帳……仕入帳，売上帳，現金出納帳，受取手形記入帳など
> 　　　　　 └ 補助元帳………商品有高帳，売掛金（得意先）元帳，買掛金（仕入先）元帳
> 　　　　　　　　　　　　　　など

補助記入帳は日々の取引を仕訳帳より詳しく記入した帳簿である。たとえば、商品を売上げたとき、どんな商品を（例：A商品）いくらで（1個250円）どこに（藤沢商店）何で（掛け）売り上げたのかを売上帳に記入する。補助元帳はある特定の勘定の明細を記録する。たとえば、商品を掛けで仕入れたとき、どの仕入先（例：横浜商店）の買掛金が増えたのかを買掛金（仕入先）元帳に記録する。この場合、総勘定元帳の買掛金勘定はすべての仕入先の買掛金を統括するので、統括勘定とか**統制勘定**と呼ばれる。総勘定元帳の勘定と補助元帳の各勘定は親子関係に類似する。

1つの取引をいくつかの帳簿に分けて記入する。その目的は、誤謬の発見、不正の防止などがある。たとえば、掛けで商品を仕入れたときには、仕訳帳と総勘定元帳のほかに、仕入帳と商品有高帳と買掛金元帳にも記録が行われる。各補助簿を記録する担当者が異なる。

## 設問1

次の空欄に適当な語句を下の語群から選択し、文章を完成させなさい。

「通常、1つの取引をいくつかの帳簿に記録する。この帳簿には、仕訳帳や総勘定元帳の　A　と取引の明細・詳細記録を行う　B　がある。　A　は企業が必ず保持しなければならないが、　B　は必要に応じて、企業の取引の状況や取引規模などによって利用すればよい。

　B　には、取引の詳細な記録を行う　C　と、特定の勘定について内訳明細の記録を行う　D　がある。仕入帳や売上帳は前者の例であり、買掛金元帳や売掛金元帳は後者の例である。

基本的には、それぞれの帳簿は別々の担当者が記録することになるが、それによって、　E　の発見や　F　の防止が可能となる。

［選択肢］

補助簿　　　誤謬　　　補助記入帳　　　不正　　　補助元帳　　　主要簿

［解答欄］

A.＿＿＿＿＿＿　B.＿＿＿＿＿＿　C.＿＿＿＿＿＿　D.＿＿＿＿＿＿

E.＿＿＿＿＿＿　F.＿＿＿＿＿＿

## 設問2

次の取引を伝票に記入しなさい。ただし，当社は3伝票制を採用している。
6月15日　買掛金¥125,000を現金で支払った。
　22日　備品¥80,000を購入し，代金は後払いとする。
　28日　貸付金の利息¥33,000を現金で受け取った。

※次の伝票を適宜選択して解答しなさい。

| 入金伝票 平成○年　月　日 ||
|---|---|
| 科　目 | 金　額 |
|  |  |

| 出金伝票 平成○年　月　日 ||
|---|---|
| 科　目 | 金　額 |
|  |  |

| 振替伝票 平成○年　月　日 ||||
|---|---|---|---|
| 借方科目 | 金　額 | 貸方科目 | 金　額 |
|  |  |  |  |

## 設問3

次の各取引について，振替伝票に起票しなさい。ただし，当店は3伝票制を採用している。（第114回類題）

(1) 商品¥200,000を売り渡し，代金のうち¥100,000は相手先振り出しの小切手で受け取り，残額は掛けとした。なお，入金伝票の科目欄には「売上」と記入されている。
(2) 商品¥100,000を仕入れ，かねてより売掛金のある得意先あてに同額の為替手形を振り出し，引受を得た上で仕入先に渡して支払った。

(1)

| 振　替　伝　票 ||||
|---|---|---|---|
| 借方科目 | 金　額 | 貸方科目 | 金　額 |
|  |  |  |  |

(2)

| 振　替　伝　票 ||||
|---|---|---|---|
| 借方科目 | 金　額 | 貸方科目 | 金　額 |
|  |  |  |  |

# 設問 4

鶴見商店は，取引を記帳するにあたって，主要簿のほかに補助簿を用いている。次の取引は，どの補助簿に記入されることになるか，該当する補助簿の箇所に〇印を記入しなさい。（第118回類題）

(1) 神奈川商店より商品¥250,000を仕入れ，代金のうち¥120,000は大船商店振出し，当店あての約束手形を裏書譲渡し，残額は神奈川商店あての約束手形を振り出して支払った。

(2) 前期に得意先戸塚商店が倒産し，そのさいに同店に対する売掛金¥120,000について貸倒処理をしていたが，本日¥20,000を現金にて回収した。

(3) 藤沢商店に商品¥620,000を売り上げ，代金のうち¥250,000は藤沢商店振出し，鎌倉商店あての為替手形（鎌倉商店引受済）を受け取り，残額は掛けとした。なお，運送業者大船運輸に運賃¥10,000を小切手で支払ったが，当店と藤沢商店とで半額ずつ負担することになっている。

(4) 先日，東京商店から仕入れた商品¥45,000に汚損があったので，同店に返品した。なお，代金は掛け代金から控除することにした。

|  | (1) | (2) | (3) | (4) |
|---|---|---|---|---|
| 1．現金出納帳 |  | 〇 |  |  |
| 2．当座預金出納帳 |  |  | 〇 |  |
| 3．仕　入　帳 | 〇 |  |  | 〇 |
| 4．売　上　帳 |  |  | 〇 |  |
| 5．支払手形記入帳 | 〇 |  |  |  |
| 6．受取手形記入帳 | 〇 |  | 〇 |  |
| 7．商品有高帳 | 〇 |  | 〇 | 〇 |
| 8．仕入先元帳 | 〇 |  |  | 〇 |
| 9．得意先元帳 |  |  | 〇 |  |

# 第11章 伝票と帳簿組織 —— 解答

## 解答1

A. 主 要 簿　　B. 補 助 簿　　C. 補助記入帳　　D. 補助元帳
E. 誤　　謬　　F. 不　　正

参考までに，総勘定元帳と補助元帳との関係（イメージ図）を次に掲げる。

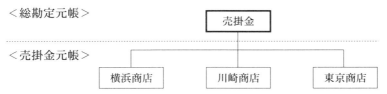

## 解答2

| 入金伝票 | |
|---|---|
| 平成〇年6月28日 | |
| 科　目 | 金　　額 |
| 受取利息 | 33,000 |

| 出金伝票 | |
|---|---|
| 平成〇年6月15日 | |
| 科　目 | 金　　額 |
| 買 掛 金 | 125,000 |

| 振替伝票 | | | |
|---|---|---|---|
| 平成〇年6月22日 | | | |
| 借方科目 | 金　　額 | 貸方科目 | 金　　額 |
| 備　品 | 80,000 | 未 払 金 | 80,000 |

　6月15日は現金の支払いなので「出金伝票」に記録し，6月22日は現金取引には関係ないので「振替伝票」に記録し，6月28日は現金の受け取りで「入金伝票」に記録する。

## 解答3

(1)

| 振 替 伝 票 | | | |
|---|---|---|---|
| 借方科目 | 金　　額 | 貸方科目 | 金　　額 |
| 売 掛 金 | 100,000 | 売　　上 | 100,000 |

(2)

| 振 替 伝 票 | | | |
|---|---|---|---|
| 借方科目 | 金　　額 | 貸方科目 | 金　　額 |
| 仕　入 | 100,000 | 売 掛 金 | 100,000 |

(1)の取引を仕訳すると次のようになる。

　　　（借方）現　　　　金　　100,000　　（貸方）売　　　　上　　200,000
　　　　　　売　掛　金　　100,000

問題中にあるように，次のように入金伝票の科目欄には「売上」と記入されているので，振替伝票には解答のように記入される。

| 入金伝票 ||
|---|---|
| 貸方科目 | 金　額 |
| 売　　上 | 100,000 |

(2)の取引については，特に説明の必要はないと思われる。

### 解答 4

|  | (1) | (2) | (3) | (4) |
|---|---|---|---|---|
| 1．現金出納帳 |  | ○ |  |  |
| 2．当座預金出納帳 |  |  | ○ |  |
| 3．仕 入 帳 | ○ |  |  | ○ |
| 4．売 上 帳 |  |  | ○ |  |
| 5．支払手形記入帳 | ○ |  |  |  |
| 6．受取手形記入帳 | ○ |  | ○ |  |
| 7．商品有高帳 | ○ |  | ○ | ○ |
| 8．仕入先元帳 |  |  |  | ○ |
| 9．得意先元帳 |  |  | ○ |  |

取引をどの補助簿に記録するかは，仕訳を行うことによって理解できる。たとえば，借方か貸方に次の勘定科目が来たときの補助簿への記入は，次のようになっている。

| 勘定科目 | 補　助　簿 |
|---|---|
| 仕　　　　入 | 仕　入　帳，商品有高帳 |
| 売　　　　上 | 売　上　帳，商品有高帳 |
| 買　掛　金 | 買掛金（仕入先）元帳 |
| 売　掛　金 | 売掛金（得意先）元帳 |
| 現　　　　金 | 現金出納帳 |
| 当　座　預　金 | 当座預金出納帳 |
| 受　取　手　形 | 受取手形記入帳 |
| 支　払　手　形 | 支払手形記入帳 |

たとえば，(1)の取引を仕訳すれば，次のようになる。

　　（借方）仕　　　　入　　250,000　　（貸方）受取手形　　　　120,000
　　　　　　　　　　　　　　　　　　　　　　　　支払手形　　　　130,000

したがって，「仕入帳」「商品有高帳」「受取手形記入帳」「支払手形記入帳」に記録される。いずれにしろ，仕訳が基本であることに変わりない。手形取引については第9章を参照してほしい。
　なお，売上値引については「売上帳」には記録するが，「商品有高帳」には記録されない。

# 第12章　決算（売上原価の計算と処理）

## ポイント

〈決算整理〉

決算にあたり，各勘定が正しく実際の残高や当期に属する費用・収益を示すように帳簿の記録を修正することをいう。

決算整理を必要とする事項を決算整理事項と呼び，主に以下のようなものがある。

（１）現金過不足の処理　　　　（２）売上原価の計算と処理
（３）貸倒引当金の設定　　　　（４）有価証券の評価
（５）消耗品の処理　　　　　　（６）費用・収益の見越し・繰り延べ
（７）引出金の整理　　　　　　（８）減価償却

〈売上原価の計算〉

３分法では，決算整理仕訳により売上原価を計算する。

仕入勘定で計算する方法と売上原価勘定で計算する方法の２つがある。

［例］：期首商品棚卸高 ¥50，当期仕入高 ¥800，期末商品棚卸高 ¥100

売上原価＝期首商品棚卸高＋当期仕入高－期末商品棚卸高

（１）仕入勘定で計算する方法

・期首商品棚卸高を仕入勘定に移す

　　　（借方）仕　　　　入　　50　　（貸方）繰 越 商 品　　50

・仕入勘定から期末商品棚卸高を繰越商品勘定へ移す

　　　（借方）繰 越 商 品　　100　　（貸方）仕　　　　入　　100

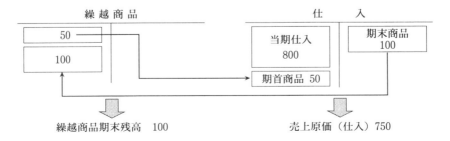

(2) 売上原価勘定で計算する方法
- 期首商品棚卸高を売上原価勘定に移す
  　　（借方）売上原価　　　50　　　　（貸方）繰越商品　　　50
- 当期仕入高を売上原価勘定に移す
  　　（借方）売上原価　　　800　　　（貸方）仕　　入　　　800
- 売上原価勘定から期末商品棚卸高を繰越商品勘定へ移す
  　　（借方）繰越商品　　　100　　　（貸方）売上原価　　　100

## 設問 1

次の仕訳を示しなさい。

1．決算にあたり仕入勘定を使って売上原価の計算を行う。決算整理前の総勘定元帳の繰越商品残高は￥500,000，仕入残高は￥1,800,000である。期末に行った商品の棚卸高は￥300,000であった。

2．決算にあたり売上原価勘定を使って売上原価の計算を行う。決算整理前の総勘定元帳の繰越商品残高は￥400,000，仕入残高￥2,500,000。期末に行った商品の棚卸高は￥800,000であった。

|   | 借　　　方 | 貸　　　方 |
|---|---|---|
| 1 |  |  |
| 2 |  |  |

## 設問 2

次の各勘定記録から決算整理仕訳および損益振替仕訳を示し元帳へ転記し締め切りなさい。売上原価は仕入勘定で計算する。決算日は12月31日，期末商品棚卸高は¥70,000であった。

```
       繰 越 商 品                        仕        入
1/1 前期繰越  40,000                  420,000


          売        上                    損        益
                    650,000
```

| | 借　　　方 | 貸　　　方 |
|---|---|---|
| 決算整理 | | |
| 損益振替 | | |

## 設問 3

以下の資料により解答用紙に示した各勘定について（　）内に必要な記入を行いなさい。売上原価は仕入勘定で計算する。（第102回類題）

＜資料＞

|  |  |  |
|---|---|---|
| 期首商品棚卸高　¥400,000 | 総仕入高　¥3,800,000 | 仕入返品高　¥80,000 |
| 期末商品棚卸高　¥280,000 | 総売上高　¥5,400,000 | 売上値引高　¥40,000 |

## 第12章 決算（売上原価の計算と処理）

### 繰越商品

| | | | | |
|---|---|---|---|---|
| 1/1 前期繰越 | ( ) | 12/31 ( ) | ( ) |
| 12/31 ( ) | ( ) | 〃 ( ) | ( ) |
| | ( ) | | ( ) |

### 売　上

| | | | | |
|---|---|---|---|---|
| 売上値引高 | ( ) | 総売上高 | ( ) |
| 12/31 ( ) | ( ) | | |
| | ( ) | | ( ) |

### 仕　入

| | | | | |
|---|---|---|---|---|
| 総仕入高 | ( ) | 仕入返品高 | ( ) |
| 12/31 ( ) | ( ) | 12/31 ( ) | ( ) |
| | | 〃 ( ) | ( ) |
| | ( ) | | ( ) |

### 損　益

| | | | | |
|---|---|---|---|---|
| 12/31 ( ) | ( ) | 12/31 ( ) | ( ) |

---

### 設問 4

文教商店は，商品売買に係る取引を仕入勘定，売上勘定および繰越商品勘定を用いて記帳し，決算時に売上原価勘定を設けて売上原価を算定している。期首商品棚卸高が¥800,000，当期商品仕入高が¥9,650,000，期末商品棚卸高が¥620,000であったとき，売上原価算定に関する決算仕訳を次の①から④の順に示しなさい。（第117回類題）

①期首商品棚卸高の振替
②当期商品仕入高の振替
③期末商品棚卸高の振替
④売上原価の損益勘定への振替

| | 借　方 | 貸　方 |
|---|---|---|
| ① | 売上原価　　　　800,000 | 繰越商品　　　　800,000 |
| ② | 売上原価　　9,650,000 | 仕　入　　　9,650,000 |
| ③ | 繰越商品　　　　620,000 | 売上原価　　　　620,000 |
| ④ | 損　益　　　9,830,000 | 売上原価　　9,830,000 |

# 第12章 決算（売上原価の計算と処理）── 解 答

### 解答1

|   | 借　　　方 | 貸　　　方 |
|---|---|---|
| 1 | 仕　　入　　　500,000<br>繰 越 商 品　　300,000 | 繰 越 商 品　　500,000<br>仕　　入　　　300,000 |
| 2 | 売 上 原 価　　400,000<br>売 上 原 価　2,500,000<br>繰 越 商 品　　800,000 | 繰 越 商 品　　400,000<br>仕　　入　　2,500,000<br>売 上 原 価　　800,000 |

### 解答2

```
            繰 越 商 品                              仕         入
1/1  前期繰越  40,000 | 12/31 仕   入  40,000           420,000 | 12/31 繰越商品  70,000
12/31 仕  入   70,000 |   〃  次期繰越 70,000   12/31 繰越商品 40,000 |   〃  損   益  390,000
              110,000 |              110,000              460,000 |              460,000

            売         上                              損         益
12/31 損  益  650,000 |           650,000   12/31 仕  入  390,000 | 12/31 売  上  650,000
```

|   | 借　　　方 | 貸　　　方 |
|---|---|---|
| 決算整理 | 仕　　入　　　40,000<br>繰 越 商 品　　70,000 | 繰 越 商 品　　40,000<br>仕　　入　　　70,000 |
| 損益振替 | 損　　益　　　390,000<br>売　　上　　　650,000 | 仕　　入　　　390,000<br>損　　益　　　650,000 |

### 解答3

```
                    繰 越 商 品
1/1  前期繰越  ( 400,000 ) | 12/31 (仕    入) ( 400,000 )
12/31 (仕  入) ( 280,000 ) |   〃  (次期繰越) ( 280,000 )
              ( 680,000 ) |                 ( 680,000 )

                      売         上
売上値引高   (    40,000 ) | 総売上高        ( 5,400,000 )
12/31 (損 益) ( 5,360,000 ) |
              ( 5,400,000 ) |                ( 5,400,000 )
```

## 第12章 決算（売上原価の計算と処理）

| 仕 入 | | | | | |
|---|---|---|---|---|---|
| 総仕入高 | ( 3,800,000 ) | | 仕入返品高 | ( | 80,000 ) |
| 12/31（繰越商品） | ( 400,000 ) | | 12/31（繰越商品） | ( | 280,000 ) |
| | | | 〃 （損　益） | ( | 3,840,000 ) |
| | ( 4,200,000 ) | | | ( | 4,200,000 ) |

| 損 益 | | | | | |
|---|---|---|---|---|---|
| 12/31（仕　入） | ( 3,840,000 ) | | 12/31（売　上） | ( | 5,360,000 ) |

### 解答 4

| | 借　方 | | 貸　方 | |
|---|---|---|---|---|
| ① | 売上原価 | 800,000 | 繰越商品 | 800,000 |
| ② | 売上原価 | 9,650,000 | 仕　入 | 9,650,000 |
| ③ | 繰越商品 | 620,000 | 売上原価 | 620,000 |
| ④ | 損　益 | 9,830,000 | 売上原価 | 9,830,000 |

# 第13章　決算（現金過不足，有価証券評価，消耗品の処理）

## ポイント

### 〈現金過不足の処理〉

現金過不足の原因が決算日までに判明しなかった場合には，現金過不足勘定を雑損または雑益勘定に振り替える（決算整理後の貸借対照表に現金過不足勘定は載せない）。

### 〈有価証券評価〉

決算において所有している売買目的有価証券は，時価で評価し有価証券評価損益を認識する。（時価法）

［例］：保有する東京（株）の株式10株（帳簿価額¥807,000）の期末株価は1株¥75,000

　　　（借方）有価証券評価損　57,000　　（貸方）売買目的有価証券　57,000

　　　※807,000－750,000＝57,000

### 〈消耗品費勘定の整理〉

消耗品を購入時に消耗品費（費用）としている場合，決算において期末消耗品棚卸高（未使用高）を消耗品費から消耗品（資産）に振り替える。

［例］：消耗品当期購入高　¥250，期末消耗品棚卸高　¥30

（決算時）消耗品費勘定から期末消耗品棚卸高を消耗品勘定へ移す

　　　（借方）消　耗　品　30　　（貸方）消 耗 品 費　30

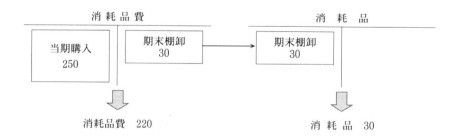

（翌期首）決算時の反対仕訳（再振替仕訳）を行う。

　　　（借方）消 耗 品 費　30　　（貸方）消　耗　品　30

# 第13章 決算（現金過不足，有価証券評価，消耗品の処理）

## 設問1

以下の取引を仕訳しなさい。

1. 現金の実際有高を調べたところ，帳簿より￥8,000少ないことがわかった。
2. 交通費￥5,000の記帳もれが判明した。
3. 通信費￥2,000の二重記帳が判明した。
4. 受取利息￥1,000の記帳もれが判明した。
5. 決算にあたり，現金過不足勘定残高の原因が判明しなかったので適切な処理を行う。

| | 借　　方 | 貸　　方 |
|---|---|---|
| 1 | | |
| 2 | | |
| 3 | | |
| 4 | | |
| 5 | | |

## 設問2

以下の一連の取引を仕訳しなさい。

1. 売買目的で大阪化学工業株式会社の株を1株￥800で2,000株買い入れ，買入手数料￥16,000とともに現金で支払った。
2. 保有する大阪化学工業株式会社の株の，半分の1,000株を1株￥750で売却し，手数料￥4,000を引いた金額が当座預金に振り込まれた。。
3. 決算において大阪化学工業株式の期末時価は1株￥850だった。評価替えを行った。
4. 翌期になり，大阪化学工業株式の残りを1株￥860で売却し，手数料￥5,000を差し引いた金額が当座預金に振り込まれた。

| | 借　　方 | 貸　　方 |
|---|---|---|
| 1 | | |
| 2 | | |
| 3 | | |
| 4 | | |

### 設問 3

次の一連の取引を仕訳しなさい。
1．消耗品¥70,000を現金で購入した。消耗品は購入時に費用計上する。
2．決算にあたり消耗品の未使用高を調べたところ¥6,000分あったので適切な処理を行う。なお期首に消耗品はなかった。
3．翌期首に上記2で行った仕訳の再振替仕訳を行う。

| | 借　　方 | 貸　　方 |
|---|---|---|
| 1 | | |
| 2 | | |
| 3 | | |

### 設問 4

消耗品費の会計処理方法として次の①・②の2つの方法がある。（第104回類題）
①　購入時に消耗品費として計上し，期末に未使用分を資産として繰り延べる方法
②　購入時には消耗品として計上し，期末に当期使用分を消耗品費勘定へ振り替える方法

期中に消耗品¥80,000を現金で購入し，このうち期末に¥4,000の未使用分があることが判明した場合に①および②のそれぞれの方法により処理した場合の仕訳を行いなさい。

| | 借　　方 | 貸　　方 |
|---|---|---|
| ① | | |
| ② | | |

## 設問 5

決算整理前の現金過不足勘定には貸方に¥55,000残高がある。決算手続中に調べたところ現金で受け取った売掛金¥42,000の回収が未記入であることが判明した。決算にあたり①修正仕訳と，②現金過不足勘定の残高を雑益または雑損勘定に振り替える仕訳を示しなさい。（第107回類題）

| | 借　　　　方 | 貸　　　　方 |
|---|---|---|
| ① | | |
| ② | | |

# 第13章 決算（現金過不足，有価証券評価，消耗品の処理）── 解答

### 解答1

| | 借　　　方 | | 貸　　　方 | |
|---|---|---|---|---|
| 1 | 現金過不足 | 8,000 | 現　　金 | 8,000 |
| 2 | 交 通 費 | 5,000 | 現金過不足 | 5,000 |
| 3 | 現金過不足 | 2,000 | 通 信 費 | 2,000 |
| 4 | 現金過不足 | 1,000 | 受 取 利 息 | 1,000 |
| 5 | 雑　　損 | 6,000 | 現金過不足 | 6,000 |

### 解答2

| | 借　　　方 | | 貸　　　方 | |
|---|---|---|---|---|
| 1 | 売買目的有価証券 | 1,616,000 | 現　　金 | 1,616,000 |
| 2 | 当 座 預 金 | 746,000 | 売買目的有価証券 | 808,000 |
|   | 有価証券売却損 | 62,000 | | |
| 3 | 売買目的有価証券 | 42,000 | 有価証券評価益 | 42,000 |
| 4 | 当 座 預 金 | 855,000 | 売買目的有価証券 | 850,000 |
|   | | | 有価証券売却益 | 5,000 |

### 解答3

| | 借　　　方 | | 貸　　　方 | |
|---|---|---|---|---|
| 1 | 消 耗 品 費 | 70,000 | 現　　金 | 70,000 |
| 2 | 消 耗 品 | 6,000 | 消 耗 品 費 | 6,000 |
| 3 | 消 耗 品 費 | 6,000 | 消 耗 品 | 6,000 |

### 解答4

| | 借　　　方 | | 貸　　　方 | |
|---|---|---|---|---|
| ① | 消 耗 品 費 | 80,000 | 現　　金 | 80,000 |
|   | 消 耗 品 | 4,000 | 消 耗 品 費 | 4,000 |
| ② | 消 耗 品 | 80,000 | 現　　金 | 80,000 |
|   | 消 耗 品 費 | 76,000 | 消 耗 品 | 76,000 |

### 解答5

| | 借　　　方 | | 貸　　　方 | |
|---|---|---|---|---|
| ① | 現金過不足 | 42,000 | 売 掛 金 | 42,000 |
| ② | 現金過不足 | 13,000 | 雑　益 | 13,000 |

# 第14章　決算（減価償却，固定資産の売却）

## ─ ポイント ─

### 〈減価償却とは〉

土地を除く固定資産は使用や時の経過にともない価値が減少する。決算においてこの価値の減少を①減価償却費（費用）として認識するとともに，②固定資産残高を減少させる手続をいう。

### 〈減価償却費の計算方法（定額法）〉

　１年間の減価償却費　＝（取得原価－残存価額）÷ 耐用年数
　　※　取得原価：資産を取得し，これを利用可能な状態に置くために要した支出総額
　　※　耐用年数：固定資産を使用できる期間
　　※　残存価額：耐用年数経過後の固定資産の見積処分価額
［例］：建物（取得原価）¥3,000,000　耐用年数20年　残存価額¥300,000
　　　建物減価償却費（年額）：（¥3,000,000－¥300,000）÷20年＝¥135,000
　　　　（注）新減価償却制度では残存価額は¥0とする。

### 〈記帳方法〉

減価償却費の記帳において①固定資産残高を直接減額する直接法と，②固定資産残高を減らさずに減価償却累計額（負債）を用いる間接法の２つがある。
　①　直接法　（借方）減価償却費　×××　（貸方）建　　　物　　　　　×××
　②　間接法　（借方）減価償却費　×××　（貸方）建物減価償却累計額　×××

### 〈固定資産の売却〉

固定資産を売却する場合は①固定資産と減価償却累計額を消去する，②現金などの売却価額（手取額）を認識する，③固定資産の帳簿価額（固定資産－減価償却累計額）と売却価額（手取額）との差額を固定資産売却益（収益）または固定資産売却損（費用）として認識する。
［例］：車両運搬具（取得原価）¥1,500,000　　２年経過後売却し¥1,000,000を現金で受領
　　　耐用年数５年，残存価額¥0，減価償却は定額法・間接法
　　　　（借方）現　　　　金　　　　1,000,000　（貸方）車両運搬具　　　　1,500,000
　　　　　　　車両運搬具減価償却累計額　600,000　　　　　固定資産売却益　　100,000
　　※　１年間の減価償却費：¥1,500,000÷５年＝¥300,000
　　※　売却までの減価償却累計額：¥300,000×２年間＝¥600,000

## 設問1

次の取引を仕訳しなさい。

1．土地¥2,000,000を購入し，整地費用¥300,000，登記料¥20,000，仲介手数料¥40,000とともに小切手を振り出して支払った。
2．営業用乗用車を購入し代金¥1,000,000を現金で支払った。
3．決算につき上記乗用車の減価償却を行う（耐用年数4年，残存価額¥0，定額法，間接法）。
4．決算につき建物（取得価額¥5,000,000，耐用年数20年，残存価額¥500,000）の減価償却（定額法・間接法）を行う。

|   | 借　　　　方 | 貸　　　　方 |
|---|---|---|
| 1 |  |  |
| 2 |  |  |
| 3 |  |  |
| 4 |  |  |

## 設問2

次の取引を仕訳しなさい。

1．土地¥3,000,000を購入し仲介手数料¥90,000とともに小切手を振り出して支払った。
2．建物を購入し代金¥4,500,000を小切手で支払った。
3．上記建物について改築工事を行い，工事代金¥500,000を現金で支払った。
4．決算につき上記建物の減価償却費を計上する。
　　（耐用年数20年，残存価額¥0，定額法，間接法）
5．翌期首に上記建物を売却し，代金¥4,900,000が当座預金に振り込まれた。

|   | 借　　　　方 | 貸　　　　方 |
|---|---|---|
| 1 |  |  |
| 2 |  |  |
| 3 |  |  |
| 4 |  |  |
| 5 |  |  |

## 設問 3

決算にあたり当期首に取得した備品（取得原価￥80,000，耐用年数8年，残存価額￥0）の減価償却を定額法で行う。直接法および間接法の場合の決算整理仕訳をそれぞれ示し，総勘定元帳に転記しなさい。

|      | 借　　　方 | 貸　　　方 |
| ---- | ---------- | ---------- |
| 直接法 |            |            |
| 間接法 |            |            |

① 直接法

```
         備　　品                          減価償却費
4/1 当座預金 80,000  |                           |
```

② 間接法

```
         備　　品                          減価償却費
4/1 当座預金 80,000  |                           |

       備品減価償却累計額
                     |
```

## 設問 4

文教商店は，減価償却に関する記帳を直接法を用いて行っており，平成20年度における同店の備品勘定の記入状況は次のとおりであった。（第106回類題）

```
                        備　　品
 1/ 1  前期繰越  360,000 | 12/31 減価償却費  120,000
12/31  未 払 金  100,000 | 12/31 次期繰越    340,000
                460,000 |                  460,000
```

仮に減価償却に関する記帳を間接法によった場合，各勘定の記入はどのようになるか。（ア）から（エ）までの空欄に当てはまる適切な語または数字を記入しなさい。

## 備　品

| | | | | | |
|---|---|---|---|---|---|
| 1/1 | 前期繰越 | （ ア ） | 12/31 | 次期繰越 | （　） |
| 12/31 | （ イ ） | 100,000 | | | |
| | | （　） | | | （　） |

## 備品減価償却累計額

| | | | | | |
|---|---|---|---|---|---|
| 12/31 | （　） | （ ウ ） | 1/1 | 前期繰越 | 240,000 |
| | | | 12/31 | 減価償却費 | （　） |
| | | （　） | | | （　） |

## 減価償却費

| | | | | | |
|---|---|---|---|---|---|
| 12/31 | （ エ ） | 120,000 | 12/31 | （　） | 120,000 |

| | |
|---|---|
| （ア） | |
| （イ） | |
| （ウ） | |
| （エ） | |

# 第14章 決算（減価償却，固定資産の売却）
## 解　答

### 解答 1

|   | 借　　　方 |   | 貸　　　方 |   |
|---|---|---|---|---|
| 1 | 土　　　　地 | 2,360,000 | 当　座　預　金 | 2,360,000 |
| 2 | 車　両　運　搬　具 | 1,000,000 | 現　　　　金 | 1,000,000 |
| 3 | 減　価　償　却　費 | 250,000 | 車両運搬具減価償却累計額 | 250,000 |
| 4 | 減　価　償　却　費 | 225,000 | 建物減価償却累計額 | 225,000 |

### 解答 2

|   | 借　　　方 |   | 貸　　　方 |   |
|---|---|---|---|---|
| 1 | 土　　　　地 | 3,090,000 | 当　座　預　金 | 3,090,000 |
| 2 | 建　　　　物 | 4,500,000 | 当　座　預　金 | 4,500,000 |
| 3 | 建　　　　物 | 500,000 | 現　　　　金 | 500,000 |
| 4 | 減　価　償　却　費 | 250,000 | 建物減価償却累計額 | 250,000 |
| 5 | 当　座　預　金<br>建物減価償却累計額 | 4,900,000<br>250,000 | 建　　　　物<br>固定資産売却益 | 5,000,000<br>150,000 |

### 解答 3

|   | 借　　　方 |   | 貸　　　方 |   |
|---|---|---|---|---|
| 直接法 | 減　価　償　却　費 | 10,000 | 備　　　品 | 10,000 |
| 間接法 | 減　価　償　却　費 | 10,000 | 備品減価償却累計額 | 10,000 |

① 直接法

```
           備　　品                              減価償却費
4/1 当座預金  80,000 | 3/31 減価償却費 10,000    3/31 備　品 10,000 |
```

② 間接法

```
           備　　品                              減価償却費
4/1 当座預金  80,000 |                          3/31 備品減価償却累計額 10,000 |

         備品減価償却累計額
                    | 3/31 減価償却費 10,000
```

## 解答 4

備　　品

| | | | | | |
|---|---|---|---|---|---|
| 1/1 | 前期繰越 | ( 600,000 ) | 12/31 | 次期繰越 | ( 700,000 ) |
| 12/31 | （未 払 金） | 100,000 | | | |
| | | ( 700,000 ) | | | ( 700,000 ) |

備品減価償却累計額

| | | | | | |
|---|---|---|---|---|---|
| 12/31 | （次期繰越） | ( 360,000 ) | 1/1 | 前期繰越 | 240,000 |
| | | | 12/31 | 減価償却費 | ( 120,000 ) |
| | | ( 360,000 ) | | | ( 360,000 ) |

減　価　償　却　費

| | | | | | |
|---|---|---|---|---|---|
| 12/31 | （備品減価償却累計額） | 120,000 | 12/31 | （損　　益） | 120,000 |

| （ア） | 600,000 |
|---|---|
| （イ） | 未払金 |
| （ウ） | 360,000 |
| （エ） | 備品減価償却累計額 |

# 第15章　決算（貸倒引当金）

## ─ ポイント ─

### 〈貸倒れ（かしだおれ）とは〉
得意先などの倒産により売掛金等の債権が回収できなくなることをいう。

貸倒れが発生した場合には，①回収できなくなった売掛金を消去するとともに②貸倒損失（費用）を認識する。

　　　　　（借方）貸倒損失　×××　　　　（貸方）売　掛　金　　×××

### 〈償却債権取立益〉
過年度に貸倒れ処理した債権を回収した場合は，償却債権取立益（収益）を認識する。

　　　　　（借方）現　　　金　×××　　　（貸方）償却債権取立益　　×××

### 〈貸倒引当金（かしだおれひきあてきん）〉

**(1) 設　定**

決算において保有する債権の回収不能額をあらかじめ見積もり貸倒引当金（負債）を設定するとともに貸倒引当金繰入（費用）を認識する。

　　　　　（借方）貸倒引当金繰入　×××　（貸方）貸倒引当金　　　×××

**(2) 差額補充法**

決算において貸倒引当金を設定する際に，現在の引当金残高と設定すべき引当金額との差額を繰入・戻入れる。

① 貸倒引当金残高 ¥200　＜　貸倒見積額 ¥500　（見積額が大きい場合）

　　　貸倒引当金残高　　200
　　　　　　　　　　　＋300　繰入
　　　貸倒見積額　　　　500

　　　（借方）貸倒引当金繰入　　300　　（貸方）貸 倒 引 当 金　　300

② 貸倒引当金残高 ¥600　＞　貸倒見積額 ¥500　（見積額が小さい場合）

　　　貸倒引当金残高　　600
　　　　　　　　　　　▲100　戻入
　　　貸倒見積額　　　　500

　　　（借方）貸 倒 引 当 金　　100　　（貸方）貸倒引当金戻入　　100

### (3) 取崩し

貸倒れが発生した場合には，①回収できなくなった売掛金を消去するとともに②貸倒引当金を取り崩す。

(借方) 貸倒引当金　×××　　　(貸方) 売　掛　金　×××

(注) 貸倒引当金残高より貸倒れ額が大きい場合は，不足分は貸倒損失とする。
(注) 当期に発生した売掛金等の債権が当期に貸倒れになった場合には，貸倒引当金を減らさず，貸倒損失とする。

## 設問 1

以下は一連の取引である。貸倒引当金の設定は差額補充法で仕訳しなさい。

1．決算（第×1期）にあたり売掛金残高¥5,000,000に対し3％の貸倒れを見積もる。
　貸倒引当金残高が¥20,000ある。
2．翌期（第×2期）に得意先が倒産し前期発生した売掛金¥30,000が回収不能になった。
3．前期に貸倒処理した売掛金¥70,000のうち半分を現金で回収することができた。
4．別の取引先が倒産し前期発生の売掛金¥200,000が回収不能となった。
5．決算（第×2期）にあたり，売掛金残高¥6,000,000に対し4％の貸倒れを見積もる。
6．決算（第×3期）にあたり，売掛金残高¥7,000,000に対し3％の貸倒れを見積もる。
　第×3期中に貸倒れは発生していない。

| | 借　方 | 貸　方 |
|---|---|---|
| 1 | | |
| 2 | | |
| 3 | | |
| 4 | | |
| 5 | | |
| 6 | | |

## 設問 2

以下は一連の取引である。貸倒引当金の設定は差額補充法で仕訳しなさい。

1. 決算（第×1期）にあたり売掛金残高￥8,000,000に対し3％の貸倒れを見積もる。
   貸倒引当金残高が￥110,000ある。
2. 翌期（第×2期）に得意先が倒産し前期発生した売掛金￥300,000が回収不能になった。
3. 前期に貸倒処理した売掛金￥100,000を現金で回収することができた。
4. 別の取引先が倒産し前期発生の売掛金￥100,000が回収不能となった。
5. 決算（第×2期）にあたり、売掛金残高￥9,000,000に対し5％の貸倒れを見積もる。
6. 決算（第×3期）にあたり、売掛金残高￥8,000,000に対し6％の貸倒れを見積もる。
   第×3期中に貸倒れは発生していない。

|   | 借　　　方 | 貸　　　方 |
|---|---|---|
| 1 |   |   |
| 2 |   |   |
| 3 |   |   |
| 4 |   |   |
| 5 |   |   |
| 6 |   |   |

## 設問 3

以下は一連の取引である。貸倒引当金の設定は差額補充法で仕訳しなさい。

1. 得意先が倒産し売掛金（前期発生）￥300,000が回収不能になった。
   現在の貸倒引当金残高は￥800,000ある。
2. 決算（第×1期）にあたり売掛金残高￥8,000,000に対し7％の貸倒れを見積もる。
3. 決算（第×2期）にあたり、売掛金残高￥9,000,000に対し6％の貸倒れを見積もる。
   第×2期中に貸倒れは発生していない。
4. 第×1期に貸倒処理した売掛金のうち￥120,000を現金で回収した。

5．決算（第×3期）にあたり，売掛金残高¥7,000,000に対し8％の貸倒れを見積もる。第×3期中に貸倒れは発生していない。

6．決算（第×4期）にあたり，売掛金残高¥8,000,000に対し6％の貸倒れを見積もる。第×4期中に貸倒れは発生していない。

|   | 借　　方 | 貸　　方 |
|---|---|---|
| 1 |  |  |
| 2 |  |  |
| 3 |  |  |
| 4 |  |  |
| 5 |  |  |
| 6 |  |  |

## 設問4

取引記録の確認をしたところ，次の取引について誤りを発見した。これを訂正するための仕訳を示しなさい。なお，訂正にあたっては取引記録のすべてを訂正する方法ではなく，記録の誤りのみを部分的に修正する方法によること。（第116回類題）

前期に貸倒れとして処理した売掛金¥600,000について，当期にその一部¥250,000を現金で回収したさいに，次のように処理していた。

（借）現　　　金　　250,000　　（貸）貸倒引当金　　250,000

| 借　　方 | 貸　　方 |
|---|---|
|  |  |

# 第15章　決算（貸倒引当金）　　解　答

### 解答 1

| | 借　　方 | | 貸　　方 | |
|---|---|---|---|---|
| 1 | 貸倒引当金繰入 | 130,000 | 貸 倒 引 当 金 | 130,000 |
| 2 | 貸 倒 引 当 金 | 30,000 | 売　　掛　　金 | 30,000 |
| 3 | 現　　　　　金 | 35,000 | 償却債権取立益 | 35,000 |
| 4 | 貸 倒 引 当 金 | 120,000 | 売　　掛　　金 | 200,000 |
| | 貸 倒 損 失 | 80,000 | | |
| 5 | 貸倒引当金繰入 | 240,000 | 貸 倒 引 当 金 | 240,000 |
| 6 | 貸 倒 引 当 金 | 30,000 | 貸倒引当金戻入 | 30,000 |

### 解答 2

| | 借　　方 | | 貸　　方 | |
|---|---|---|---|---|
| 1 | 貸倒引当金繰入 | 130,000 | 貸 倒 引 当 金 | 130,000 |
| 2 | 貸 倒 引 当 金 | 240,000 | 売　　掛　　金 | 300,000 |
| | 貸 倒 損 失 | 60,000 | | |
| 3 | 現　　　　　金 | 100,000 | 償却債権取立益 | 100,000 |
| 4 | 貸 倒 損 失 | 100,000 | 売　　掛　　金 | 100,000 |
| 5 | 貸倒引当金繰入 | 450,000 | 貸 倒 引 当 金 | 450,000 |
| 6 | 貸倒引当金繰入 | 30,000 | 貸 倒 引 当 金 | 30,000 |

### 解答 3

| | 借　　方 | | 貸　　方 | |
|---|---|---|---|---|
| 1 | 貸 倒 引 当 金 | 300,000 | 売　　掛　　金 | 300,000 |
| 2 | 貸倒引当金繰入 | 60,000 | 貸 倒 引 当 金 | 60,000 |
| 3 | 貸 倒 引 当 金 | 20,000 | 貸倒引当金戻入 | 20,000 |
| 4 | 現　　　　　金 | 120,000 | 償却債権取立益 | 120,000 |
| 5 | 貸倒引当金繰入 | 20,000 | 貸 倒 引 当 金 | 20,000 |
| 6 | 貸 倒 引 当 金 | 80,000 | 貸倒引当金戻入 | 80,000 |

### 解答 4

| 借　　方 | | 貸　　方 | |
|---|---|---|---|
| 貸 倒 引 当 金 | 250,000 | 償却債権取立益 | 250,000 |

# 第16章　決算（費用・収益の見越し・繰り延べ）

## ポイント

### 〈費用・収益の見越し・繰り延べとは〉

当期の費用・収益は当期に計上するという原則のもと，理論上時間の経過とともに費用（支払利息など）や収益（受取利息など）が発生する取引について現金収支に関係なく当期の費用・収益を適切に計上する手続きをいう。以下の4つがある。

① 費用の見越し：後払い契約等でまだ支払っていない費用の当期分計上
② 収益の見越し：後払い契約等でまだ受け取っていない収益の当期分計上
③ 費用の繰り延べ：前払い契約等ですでに支払った費用の次期以降分の控除
④ 収益の繰り延べ：前払い契約等ですでに受け取った収益の次期以降分の控除

### 〈①費用の見越し〉

［例］：¥1,000,000を年利12％で12/1に借り入れた。利息は半年毎に後払いで支払う契約となっている。12/31決算の決算整理仕訳で当期分の支払利息を見越し計上する。

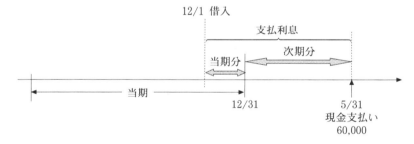

決算時（決算整理仕訳）　当期分の支払利息を計上する

　　（借方）支 払 利 息　10,000　　　（貸方）未 払 利 息　10,000
　　　　　（費用の増加）　　　　　　　　　　　（負債）

翌期首（再振替仕訳）　決算時の反対仕訳を行う

　　（借方）未 払 利 息　10,000　　　（貸方）支 払 利 息　10,000

### 〈②収益の見越し〉

［例］：¥1,000,000を年利12％で12/1に貸しつけた。利息は半年毎に後払いで受け取る契約となっている。12/31決算の決算整理仕訳で当期分の受取利息を見越し計上する。

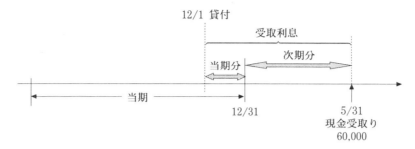

決算時（決算整理仕訳）　当期分の受取利息を計上する

　　（借方）未 収 利 息　10,000　　　（貸方）受 取 利 息　10,000
　　　　　　（資産）　　　　　　　　　　　　　（収益の増加）

翌期首（再振替仕訳）　決算時の反対仕訳を行う

　　（借方）受 取 利 息　10,000　　　（貸方）未 収 利 息　10,000

### 〈③費用の繰り延べ〉

［例］：¥1,000,000を年利12%で12/1に借り入れた。利息は半年毎に前払いで支払う契約となっている。12/31決算の決算整理仕訳で次期分の支払利息を繰り延べる。

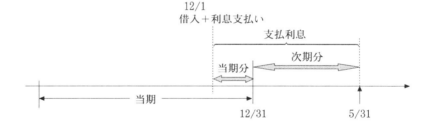

12/1（借入時）

　　（借方）現　　　　金　940,000　　　（貸方）借　入　金　1,000,000
　　（借方）支 払 利 息　 60,000

決算時（決算整理仕訳）　次期分の支払利息を控除する

　　（借方）前 払 利 息　50,000　　　（貸方）支 払 利 息　50,000
　　　　　　（資産）　　　　　　　　　　　　　（費用の減少）

翌期首（再振替仕訳）　決算時の反対仕訳を行う

　　（借方）支 払 利 息　50,000　　　（貸方）前 払 利 息　50,000

### 〈④収益の繰り延べ〉

［例］：¥1,000,000を年利12%で12/1に貸しつけた。利息は半年毎に前払いで受け取る契約となっている。12/31決算の決算整理仕訳で次期分の受取利息を繰り延べる。

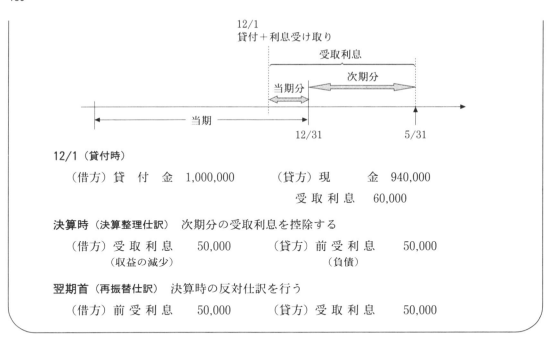

12/1（貸付時）
　　（借方）貸　付　金　1,000,000　　　（貸方）現　　　金　940,000
　　　　　　　　　　　　　　　　　　　　　　　受 取 利 息　 60,000

決算時（決算整理仕訳）　次期分の受取利息を控除する
　　（借方）受 取 利 息　　50,000　　　（貸方）前 受 利 息　　50,000
　　　　　（収益の減少）　　　　　　　　　　　　（負債）

翌期首（再振替仕訳）　決算時の反対仕訳を行う
　　（借方）前 受 利 息　　50,000　　　（貸方）受 取 利 息　　50,000

## 設問 1

次の取引を仕訳しなさい。

1．3/1 に ¥1,000,000 を年利 6％で借り入れ，現金を受け取った（利息は半年毎後払い）。
2．上記 1 の取引につき，決算（3/31）にあたり未払費用を計上する。
3．8/1 に ¥3,000,000（年利 3％，利息は半年毎後払い）を借り入れ，当座預金に入金した。
4．上記 3 の取引につき，決算（12/31）にあたり未払費用を計上する。
5．11/1 に事務所を 1 カ月 ¥90,000（3 カ月毎後払い）で借りた。決算（12/31）にあたり適切な仕訳を行う。
6．10/1 に土地を借りた。賃料は 1 年後に ¥1,000,000 支払う契約である。決算（3/31）にあたり適切な仕訳を行う。

|   | 借　　　方 | 貸　　　方 |
|---|---|---|
| 1 |  |  |
| 2 |  |  |
| 3 |  |  |
| 4 |  |  |
| 5 |  |  |
| 6 |  |  |

## 設問2

次の取引を仕訳しなさい。

1. 2/1に¥1,000,000を年利12％で貸しつけ，小切手を振り出して支払った（利息は半年毎後払い契約）。
2. 上記1の取引につき，決算（3/31）にあたり未収利息を計上する。
3. 12/1に国債¥2,000,000（年利3％，利払い5月・11月末）を売買目的で現金で購入した。
4. 上記3の取引につき，決算（3/31）にあたり未収利息を計上する。
5. 11/1に事務所を貸した。賃料は半年後に¥240,000受け取る契約である。決算（12/31）にあたり適切な仕訳を行う。
6. 8/1に土地を貸した。賃料は1年後に¥900,000受け取る契約である。決算（3/31）にあたり適切な仕訳を行う。

|   | 借　方 | 貸　方 |
|---|---|---|
| 1 | | |
| 2 | | |
| 3 | | |
| 4 | | |
| 5 | | |
| 6 | | |

## 設問3

次の取引を仕訳しなさい。

1. 11/1に¥1,000,000を年利9％で借り，半年分の利息を差し引いた額の先方振り出しの小切手を受け取った。
2. 上記1の取引につき，決算（3/31）にあたり前払利息を計上する。
3. 9/1に¥3,000,000（年利15％，利息は半年毎前払い）を借り，初回利息分を控除した額が当座預金に入金された。
4. 上記3の取引につき，決算（12/31）にあたり前払利息を計上する。
5. 3/1に事務所を1カ月¥90,000で借りる契約をし，3カ月分を小切手で支払った。
6. 上記5の取引につき，決算（3/31）にあたり適切な仕訳を行う。

|   | 借　　方 | 貸　　方 |
|---|---|---|
| 1 | | |
| 2 | | |
| 3 | | |
| 4 | | |
| 5 | | |
| 6 | | |

## 設問 4

次の取引を仕訳しなさい。

1. 11/1に¥1,000,000を年利6％で貸しつけ、半年分の利息を差し引いた額の小切手を渡した。
2. 上記1の取引につき、決算（3/31）にあたり前受利息を計上する。
3. 11/1に¥3,000,000（年利13％、利息は半年毎前払い）を貸しつけ、初回利息分を差し引いた額を現金で渡した。
4. 上記3の取引につき、決算（3/31）にあたり前受利息を計上する。
5. 12/1に事務所を1カ月¥90,000で貸す契約をし、4カ月分を先方振り出しの小切手で受け取った。
6. 上記5の取引につき、決算（12/31）にあたり適切な仕訳を行う。

|   | 借　　方 | 貸　　方 |
|---|---|---|
| 1 | | |
| 2 | | |
| 3 | | |
| 4 | | |
| 5 | | |
| 6 | | |

## 設問5

当期（平成20年1月1日～平成20年12月31日）中の支払家賃に関連する勘定の記入は，以下のとおりであった。各勘定に記入された取引を推定し，（イ）～（ヘ）には下に示した語群の中から適切なものを選択しその番号を記入するとともに，（a）～（d）には適切な金額を記入しなさい。同じ解答番号を何度でも使ってよい。（第108回類題）

| ① 前期繰越 | ② 次期繰越 | ③ 支払家賃 | ④ 前払家賃 | ⑤ 未払家賃 | ⑥ 損益 |

```
          支 払 家 賃                          前 払 家 賃
10/30当座預金 200,000 │ 1/1 （イ） （a）    12/31（ハ） 30,000 │ 12/31（ニ） 30,000
                     │ 12/31（ロ） （b）
                     │  〃  損 益 （c）
              200,000│            200,000

          未 払 家 賃                              損     益
1/1 （ホ） 18,000 │ 1/1 （ヘ） 18,000       12/31 支払家賃 （d） │
```

| （イ） | （ロ） | （ハ） | （ニ） | （ホ） |
|---|---|---|---|---|
|  |  |  |  |  |

| （ヘ） | （a） | （b） | （c） | （d） |
|---|---|---|---|---|
|  |  |  |  |  |

## 設問6

以下の各問いに答えなさい。（第109回類題）

① 以下の受取利息勘定の決算整理後の記入状況に基づいて，この収益の勘定から損益勘定へ振り替える決算仕訳を示しなさい。

```
              受 取 利 息
  前受利息  20,000 │ 貸 付 金  50,000
                  │ 未収利息  85,000
```

② 以下の前払家賃勘定の開始記入後の記入状況に基づいて，再振替を行うための仕訳を示しなさい。

```
              前 払 家 賃
  支払家賃  50,000 │ 次期繰越  50,000
  前期繰越  50,000 │
```

|   | 借　　　方 | 貸　　　方 |
|---|---|---|
| ① |  |  |
| ② |  |  |

# 第16章 決算（費用・収益の見越し・繰り延べ）解　答

### 解答1

|   | 借　方 |   | 貸　方 |   |
|---|---|---|---|---|
| 1 | 現　　　　金 | 1,000,000 | 借　入　金 | 1,000,000 |
| 2 | 支　払　利　息 | 5,000 | 未　払　利　息 | 5,000 |
| 3 | 当　座　預　金 | 3,000,000 | 借　入　金 | 3,000,000 |
| 4 | 支　払　利　息 | 37,500 | 未　払　利　息 | 37,500 |
| 5 | 支　払　家　賃 | 180,000 | 未　払　家　賃 | 180,000 |
| 6 | 支　払　地　代 | 500,000 | 未　払　地　代 | 500,000 |

### 解答2

|   | 借　方 |   | 貸　方 |   |
|---|---|---|---|---|
| 1 | 貸　付　金 | 1,000,000 | 当　座　預　金 | 1,000,000 |
| 2 | 未　収　利　息 | 20,000 | 受　取　利　息 | 20,000 |
| 3 | 売買目的有価証券 | 2,000,000 | 現　　　　金 | 2,000,000 |
| 4 | 未収有価証券利息 | 20,000 | 有価証券利息 | 20,000 |
| 5 | 未　収　家　賃 | 80,000 | 受　取　家　賃 | 80,000 |
| 6 | 未　収　地　代 | 600,000 | 受　取　地　代 | 600,000 |

### 解答3

|   | 借　方 |   | 貸　方 |   |
|---|---|---|---|---|
| 1 | 現　　　　金 | 955,000 | 借　入　金 | 1,000,000 |
|   | 支　払　利　息 | 45,000 |   |   |
| 2 | 前　払　利　息 | 7,500 | 支　払　利　息 | 7,500 |
| 3 | 当　座　預　金 | 2,775,000 | 借　入　金 | 3,000,000 |
|   | 支　払　利　息 | 225,000 |   |   |
| 4 | 前　払　利　息 | 75,000 | 支　払　利　息 | 75,000 |
| 5 | 支　払　家　賃 | 270,000 | 当　座　預　金 | 270,000 |
| 6 | 前　払　家　賃 | 180,000 | 支　払　家　賃 | 180,000 |

第16章　決算（費用・収益の見越し・繰り延べ）　141

## 解答 4

| | 借　　　方 | | 貸　　　方 | |
|---|---|---|---|---|
| 1 | 貸　付　金 | 1,000,000 | 当　座　預　金 | 970,000 |
| | | | 受　取　利　息 | 30,000 |
| 2 | 受　取　利　息 | 5,000 | 前　受　利　息 | 5,000 |
| 3 | 貸　付　金 | 3,000,000 | 現　　　　金 | 2,805,000 |
| | | | 受　取　利　息 | 195,000 |
| 4 | 受　取　利　息 | 32,500 | 前　受　利　息 | 32,500 |
| 5 | 現　　　　金 | 360,000 | 受　取　家　賃 | 360,000 |
| 6 | 受　取　家　賃 | 270,000 | 前　受　家　賃 | 270,000 |

## 解答 5

| （イ） | （ロ） | （ハ） | （ニ） | （ホ） |
|---|---|---|---|---|
| ⑤ | ④ | ③ | ② | ③ |
| （ヘ） | （ a ） | （ b ） | （ c ） | （ d ） |
| ① | 18,000 | 30,000 | 152,000 | 152,000 |

## 解答 6

| | 借　　　方 | | 貸　　　方 | |
|---|---|---|---|---|
| ① | 受　取　利　息 | 115,000 | 損　　　益 | 115,000 |
| ② | 支　払　家　賃 | 50,000 | 前　払　家　賃 | 50,000 |

# 第17章　試算表・精算表の作成

> **ポイント**
>
> 〈試算表〉
> 　総勘定元帳の各勘定の金額を集計した表をいう。仕訳帳から総勘定元帳への転記が正しく行われているかを確かめるために作成する。
> 　試算表には次の3つがある。
> （1）**合計試算表**：各勘定の借方合計額と貸方合計額を集計したもの
> （2）**残高試算表**：各勘定の残高を集計したもの
> （3）**合計残高試算表**：合計試算表と残高試算表を1つにしたもの
>
> 〈精算表（8けた精算表）〉
> 　残高試算表に修正記入（決算整理事項および期末修正事項）を加え，貸借対照表と損益計算書を作成するまでの過程を一覧表として示すものをいう。
>
> ［例］決算整理事項
> ・商品の期首棚卸高は¥600，当期仕入高は¥4,000，期末棚卸高は¥800だった。
> 　　**決算整理仕訳①**　（借方）仕　　　　入　600　　　（貸方）繰 越 商 品　600
> 　　　　　　　②　（借方）繰 越 商 品　800　　　（貸方）仕　　　　入　800
> ・現金過不足¥100の原因がわからず雑損とする。
> 　　**決算整理仕訳③**　（借方）雑　　　　損　100　　　（貸方）現 金 過 不 足　100
> ・貸倒引当金総勘定元帳残高は¥200，当期末の貸倒見積額は¥350。差額補充法により貸倒引当金を設定する。
> 　　**決算整理仕訳④**　（借方）貸倒引当金繰入　150　　　（貸方）貸 倒 引 当 金　150
>
> 精　算　表
>
> | 勘定科目 | 残高試算表 || 修正記入 || 損益計算書 || 貸借対照表 ||
> |---|---|---|---|---|---|---|---|---|
> | | 借方 | 貸方 | 借方 | 貸方 | 借方 | 貸方 | 借方 | 貸方 |
> | 現　　　　　金 | 500 | | | | | | 500 | |
> | 現 金 過 不 足 | 100 | | | ③ 100 | | | | |
> | 売　掛　　金 | 1,200 | | | | | | 1,200 | |
> | 繰 越 商 品 | 600 | | ② 800 | ① 600 | | | 800 | |
> | ⋮ | | | | | | | | |
> | 貸 倒 引 当 金 | | 200 | | ④ 150 | | | | 350 |
> | ⋮ | | | | | | | | |
> | 仕　　　　　入 | 4,000 | | ① 600 | ② 800 | 3,800 | | | |
> | 貸倒引当金繰入 | | | ④ 150 | | 150 | | | |
> | ⋮ | | | | | | | | |
> | 雑　　　　　損 | | | ③ 100 | | 100 | | | |
> | ⋮ | | | | | | | | |

## 設問1

次の（A）期首貸借対照表と（B）期中取引に基づき期末の残高試算表を作成しなさい。

（A）期首貸借対照表

貸 借 対 照 表
平成〇年1月1日

| 現　　　　金 | 51,000 | 買　掛　　金 | 87,480 |
|---|---|---|---|
| 当　座　預　金 | 150,000 | 貸 倒 引 当 金 | 25,420 |
| 売　　掛　　金 | 89,400 | 減価償却累計額 | 12,500 |
| 商　　　　品 | 85,000 | 資　本　　金 | 300,000 |
| 備　　　　品 | 50,000 | | |
| | 425,400 | | 425,400 |

（B）期中取引

1. 商品の売上取引　　　掛売上¥320,000　　現金売上¥130,000
2. 商品の仕入取引　　　掛仕入¥266,000　　現金仕入¥49,000
3. 現金の増減取引（売上・仕入取引は除く）当座預金からの引出¥120,000
　　　　　　　　　　　　給料支払¥50,000　　家賃支払¥25,000
4. 当座預金の増減取引　売掛金回収¥270,000　買掛金支払¥250,000

残 高 試 算 表
平成〇年12月31日

| 借　　　方 | 勘 定 科 目 | 貸　　　方 |
|---|---|---|
| | 現　　　　金 | |
| | 当　座　預　金 | |
| | 売　　掛　　金 | |
| | 繰　越　商　品 | |
| | 備　　　　品 | |
| | 買　　掛　　金 | |
| | 貸 倒 引 当 金 | |
| | 減価償却累計額 | |
| | 資　本　　金 | |
| | 売　　　　上 | |
| | 仕　　　　入 | |
| | 給　　　　料 | |
| | 支　払　家　賃 | |
| | | |

### 設問 2

次の合計試算表（A）と諸取引（B）に基づいて解答用紙の月末の合計残高試算表と売掛金および買掛金の明細表を作成しなさい。（第108回類題）

（A）平成○年6月25日現在の合計試算表

合　計　試　算　表
平成○年6月25日

| 借　　方 | 勘　定　科　目 | 貸　　方 |
|---:|:---:|---:|
| 750,000 | 現　　　　　金 | 613,000 |
| 1,180,000 | 当　座　預　金 | 828,100 |
| 670,000 | 受　取　手　形 | 400,000 |
| 1,800,000 | 売　　掛　　金 | 1,115,000 |
| 125,000 | 繰　越　商　品 | |
| 253,000 | 備　　　　　品 | |
| 230,000 | 支　払　手　形 | 420,000 |
| 820,000 | 買　　掛　　金 | 1,270,000 |
| 50,000 | 未　　払　　金 | 60,000 |
| 33,000 | 預　　り　　金 | 33,000 |
| 100,000 | 借　　入　　金 | 450,000 |
| | 資　　本　　金 | 850,000 |
| 50,000 | 売　　　　　上 | 1,700,000 |
| 1,250,000 | 仕　　　　　入 | 25,000 |
| 320,000 | 給　　　　　料 | |
| 60,000 | 光　　熱　　費 | |
| 72,000 | 支　払　家　賃 | |
| 1,100 | 支　払　利　息 | |
| 7,764,100 | | 7,764,100 |

（B）平成○年6月26日から30日までの諸取引

6月26日　東京商店および埼玉商店に商品をそれぞれ¥30,000および¥24,000売り上げ，代金は掛けとした。
　　　　　埼玉商店に対する売掛金¥70,000が当座預金口座に振り込まれた。
　　　　　取立てを依頼していた千葉商店振り出し，当店あての約束手形¥50,000について，取立てが済み当座預金に入金された。
　　27日　埼玉商店に商品¥70,000を売り上げ，代金は掛けとした。また，千葉商店に商品¥50,000を売り上げ，代金は当座預金口座に振り込まれた。

秋田商店に買掛金¥70,000を支払うため，千葉商店あての為替手形を振り出し，千葉商店の引受を得て秋田商店に渡した。

28日 新潟商店から商品¥50,000を仕入れ，代金は掛けとした。また山形商店から商品¥34,000を仕入れ，代金のうち¥20,000は，東京商店振り出し，当店あての約束手形を裏書譲渡し，残額は掛けとした。

今月分の家賃¥12,000を小切手を振り出して支払った。

宮崎電気店に対する未払金¥10,000を小切手を振り出して支払った。

29日 山形商店から商品¥40,000を仕入れ代金は同店あての約束手形を振り出して支払った。新潟商店から28日に仕入れた商品の品違いがあったので，¥5,000を返品し，掛代金から差し引いた。

東京商店に対する売掛金¥26,000を現金で回収した。

今月分の給料¥55,000のうち所得税の源泉徴収分¥5,000を差し引いた残額を現金で支払った。

30日 新潟商店あてに振り出した約束手形¥30,000が支払期日になり，当座預金口座から引き落とされた。

山形商店に対する買掛金¥25,000を当座預金から支払った。

電気代¥8,000が当座預金口座から引き落とされた。

当座預金口座から¥250,000を現金で引き出した。

借入金¥150,000の返済とその利息¥3,000をあわせて現金で支払った。

## 合 計 残 高 試 算 表
平成〇年 6 月 30 日

| 借方 | | 勘定科目 | 貸方 | |
|---|---|---|---|---|
| 残高 | 合計 | | 合計 | 残高 |
| | | 現　　　　金 | | |
| | | 当 座 預 金 | | |
| | | 受 取 手 形 | | |
| | | 売 　掛　 金 | | |
| | | 繰 越 商 品 | | |
| | | 備　　　　品 | | |
| | | 支 払 手 形 | | |
| | | 買 　掛　 金 | | |
| | | 未 　払　 金 | | |
| | | 預 　り　 金 | | |
| | | 借 　入　 金 | | |
| | | 資 　本　 金 | | |
| | | 売　　　　上 | | |
| | | 仕　　　　入 | | |
| | | 給　　　　料 | | |
| | | 光 　熱　 費 | | |
| | | 支 払 家 賃 | | |
| | | 支 払 利 息 | | |

売 掛 金 明 細 表

| | 6月25日 | 6月30日 |
|---|---|---|
| 東京商店 | ￥201,000 | ￥ |
| 埼玉商店 | 234,000 | |
| 千葉商店 | 250,000 | |
| | ￥685,000 | ￥ |

買 掛 金 明 細 表

| | 6月25日 | 6月30日 |
|---|---|---|
| 新潟商店 | ￥200,000 | ￥ |
| 山形商店 | 110,000 | |
| 秋田商店 | 140,000 | |
| | ￥450,000 | ￥ |

## 設問3

次の決算整理事項に基づいて、答案用紙の精算表を作成しなさい。

＜決算整理事項＞
1．現金の実際有高は￥5,500であった。不一致の原因は判明しなかった。
2．商品の期末棚卸高は￥9,000であった。
3．期末売掛金残高に対して2％の貸倒引当金を設定する。（差額補充法）
4．売買目的有価証券の期末時価は￥4,000であった。
5．仮払金￥700は従業員に対して支払ったものであり，決算日後に交通費￥600であったと報告され，残額を現金で受け取った。
6．備品の減価償却費￥3,000を計上する。
7．家賃の前払分が￥300あった。
8．有価証券利息の未収分が￥250あった。

## 設問4

次の決算整理事項等に基づいて，答案用紙の精算表を完成しなさい。なお，会計期間は4月1日から3月31日までの1年間である。（第116回類題）

＜決算整理事項＞
(1) 決算日に現金過不足のうち￥2,500は受取手数料の記入漏れであることが判明したが，残額については原因が判明しないので，適切な処理をすることにした。
(2) 売掛金￥30,000が決算日に当座預金に振り込まれていたが，この処理がまだ行われていないことが判明した。
(3) 仮払金は全額備品の購入に関するものであることが判明した。この備品は，10月1日に引渡しを受けていたが，この処理はまだ行われていないことが判明した。
(4) 期末商品棚卸高は￥250,000である。売上原価は「仕入」の行で計算すること。
(5) 消耗品の期末棚卸高は￥15,000であった。
(6) 受取手形および売掛金の期末残高に対して差額補充法により4％の貸倒引当金を設定する。
(7) 売買目的有価証券の期末の時価による評価額は￥70,000である。
(8) 建物および備品に対して，以下の資料に基づいて定額法で減価償却を行う。なお，当期中に取得した備品については月割で減価償却費を計上する。

　　　残存価額：建物，備品ともに￥0
　　　耐用年数：建物20年　備品10年

(9) 年間の保険料は昨年と同額であり，毎年6月1日に向こう1年分を支払っている。

(10) 地代の未払額が¥8,000ある。

(11) 受取手数料の前受額が¥4,000ある。

(12) 支払利息の前払額が¥3,000ある。

[設問3 解答欄]

精 算 表

| 勘定科目 | 残高試算表 借方 | 残高試算表 貸方 | 修正記入 借方 | 修正記入 貸方 | 損益計算書 借方 | 損益計算書 貸方 | 貸借対照表 借方 | 貸借対照表 貸方 |
|---|---|---|---|---|---|---|---|---|
| 現　　　　金 | 6,000 | | | | | | | |
| 当 座 預 金 | 30,000 | | | | | | | |
| 売 掛 金 | 25,000 | | | | | | | |
| 売買目的有価証券 | 3,500 | | | | | | | |
| 仮 払 金 | 700 | | | | | | | |
| 繰 越 商 品 | 7,000 | | | | | | | |
| 備　　　　品 | 30,000 | | | | | | | |
| 買 掛 金 | | 24,000 | | | | | | |
| 借 入 金 | | 25,000 | | | | | | |
| 貸 倒 引 当 金 | | 300 | | | | | | |
| 減価償却累計額 | | 5,400 | | | | | | |
| 資 本 金 | | 32,000 | | | | | | |
| 売　　　　上 | | 75,000 | | | | | | |
| 有 価 証 券 利 息 | | 800 | | | | | | |
| 仕　　　　入 | 54,000 | | | | | | | |
| 給　　　　料 | 2,000 | | | | | | | |
| 支 払 家 賃 | 1,600 | | | | | | | |
| 交 通 費 | 1,200 | | | | | | | |
| 支 払 利 息 | 1,500 | | | | | | | |
| | 162,500 | 162,500 | | | | | | |
| 雑　　　　損 | | | | | | | | |
| 貸倒引当金繰入 | | | | | | | | |
| 有価証券評価益 | | | | | | | | |
| 減 価 償 却 費 | | | | | | | | |
| 前 払 家 賃 | | | | | | | | |
| 未収有価証券利息 | | | | | | | | |
| 当 期 純 利 益 | | | | | | | | |
| | | | | | | | | |

[設問4 解答欄]

## 精算表

| 勘定科目 | 残高試算表 借方 | 残高試算表 貸方 | 修正記入 借方 | 修正記入 貸方 | 損益計算書 借方 | 損益計算書 貸方 | 貸借対照表 借方 | 貸借対照表 貸方 |
|---|---|---|---|---|---|---|---|---|
| 現　　　　　金 | 219,200 | | | | | | | |
| 現 金 過 不 足 | | 3,000 | | | | | | |
| 当 　座 　預 　金 | 250,000 | | | | | | | |
| 受 　取 　手 　形 | 160,000 | | | | | | | |
| 売　　掛　　金 | 198,000 | | | | | | | |
| 売買目的有価証券 | 78,000 | | | | | | | |
| 仮 　　払 　　金 | 1,000,000 | | | | | | | |
| 繰 　越 　商 　品 | 320,000 | | | | | | | |
| 建　　　　　物 | 5,000,000 | | | | | | | |
| 備　　　　　品 | 600,000 | | | | | | | |
| 支 　払 　手 　形 | | 306,000 | | | | | | |
| 買　　掛　　金 | | 239,000 | | | | | | |
| 借 　　入 　　金 | | 750,000 | | | | | | |
| 貸 倒 引 当 金 | | 12,000 | | | | | | |
| 建物減価償却累計額 | | 2,000,000 | | | | | | |
| 備品減価償却累計額 | | 240,000 | | | | | | |
| 資 　　本 　　金 | | 3,000,000 | | | | | | |
| 売　　　　　上 | | 4,929,000 | | | | | | |
| 受 取 手 数 料 | | 64,000 | | | | | | |
| 仕　　　　　入 | 2,414,800 | | | | | | | |
| 給　　　　　料 | 870,000 | | | | | | | |
| 支 払 保 険 料 | 28,000 | | | | | | | |
| 支 　払 　地 　代 | 105,000 | | | | | | | |
| 光 　熱 　　費 | 87,000 | | | | | | | |
| 広 告 宣 伝 費 | 120,000 | | | | | | | |
| 消 耗 品 費 | 53,000 | | | | | | | |
| 支 　払 　利 　息 | 40,000 | | | | | | | |
|  | 11,543,000 | 11,543,000 | | | | | | |
| (　　　　　　) | | | | | | | | |
| 消 　耗 　　品 | | | | | | | | |
| 貸倒引当金繰入 | | | | | | | | |
| 有価証券評価(　) | | | | | | | | |
| 減 価 償 却 費 | | | | | | | | |
| 前 払 保 険 料 | | | | | | | | |
| 前 受 手 数 料 | | | | | | | | |
| 未 　払 　地 　代 | | | | | | | | |
| 前 　払 　利 　息 | | | | | | | | |
| 当 期 純 (　　) | | | | | | | | |

# 第17章　試算表・精算表の作成　　解　答

### 解答 1

期中取引の仕訳は以下のとおりである。

| | 借　方 | | 貸　方 | |
|---|---|---|---|---|
| 1 | 売　掛　金 | 320,000 | 売　　上 | 450,000 |
|   | 現　　　金 | 130,000 | | |
| 2 | 仕　　　入 | 315,000 | 買　掛　金 | 266,000 |
|   | | | 現　　　金 | 49,000 |
| 3 | 現　　　金 | 120,000 | 当　座　預　金 | 120,000 |
|   | 給　　料 | 50,000 | 現　　　金 | 75,000 |
|   | 支　払　家　賃 | 25,000 | | |
| 4 | 当　座　預　金 | 270,000 | 売　掛　金 | 270,000 |
|   | 買　掛　金 | 250,000 | 当　座　預　金 | 250,000 |

残　高　試　算　表
平成〇年 12 月 31 日

| 借　方 | 勘　定　科　目 | 貸　方 |
|---|---|---|
| 177,000 | 現　　　金 | |
| 50,000 | 当　座　預　金 | |
| 139,400 | 売　掛　金 | |
| 85,000 | 繰　越　商　品 | |
| 50,000 | 備　　品 | |
| | 買　掛　金 | 103,480 |
| | 貸　倒　引　当　金 | 25,420 |
| | 減価償却累計額 | 12,500 |
| | 資　本　金 | 300,000 |
| | 売　　上 | 450,000 |
| 315,000 | 仕　　入 | |
| 50,000 | 給　　料 | |
| 25,000 | 支　払　家　賃 | |
| 891,400 | | 891,400 |

## 解答 2

平成〇年 6 月 26 日から 30 日までの諸取引の仕訳は以下のとおりである。

| | | 借 | 方 | | 貸 | 方 | |
|---|---|---|---|---|---|---|---|
| 26日 | | 売 掛 金 | 54,000 | | 売 上 | 54,000 | |
| | | 当 座 預 金 | 120,000 | | 売 掛 金 | 70,000 | |
| | | | | | 受 取 手 形 | 50,000 | |
| 27日 | | 売 掛 金 | 70,000 | | 売 上 | 120,000 | |
| | | 当 座 預 金 | 50,000 | | | | |
| | | 買 掛 金 | 70,000 | | 売 掛 金 | 70,000 | |
| 28日 | | 仕 入 | 84,000 | | 買 掛 金 | 64,000 | |
| | | | | | 受 取 手 形 | 20,000 | |
| | | 支 払 家 賃 | 12,000 | | 当 座 預 金 | 22,000 | |
| | | 未 払 金 | 10,000 | | | | |
| 29日 | | 仕 入 | 40,000 | | 支 払 手 形 | 40,000 | |
| | | 買 掛 金 | 5,000 | | 仕 入 | 5,000 | |
| | | 現 金 | 26,000 | | 売 掛 金 | 26,000 | |
| | | 給 料 | 55,000 | | 預 り 金 | 5,000 | |
| | | | | | 現 金 | 50,000 | |
| 30日 | | 支 払 手 形 | 30,000 | | 当 座 預 金 | 63,000 | |
| | | 買 掛 金 | 25,000 | | | | |
| | | 光 熱 費 | 8,000 | | | | |
| | | 現 金 | 250,000 | | 当 座 預 金 | 250,000 | |
| | | 借 入 金 | 150,000 | | 現 金 | 153,000 | |
| | | 支 払 利 息 | 3,000 | | | | |

合 計 残 高 試 算 表
平成〇年 6 月 30 日

| 借 方 | | 勘 定 科 目 | 貸 方 | |
|---|---|---|---|---|
| 残 高 | 合 計 | | 合 計 | 残 高 |
| 210,000 | 1,026,000 | 現 金 | 816,000 | |
| 186,900 | 1,350,000 | 当 座 預 金 | 1,163,100 | |
| 200,000 | 670,000 | 受 取 手 形 | 470,000 | |
| 643,000 | 1,924,000 | 売 掛 金 | 1,281,000 | |
| 125,000 | 125,000 | 繰 越 商 品 | | |
| 253,000 | 253,000 | 備 品 | | |
| | 260,000 | 支 払 手 形 | 460,000 | 200,000 |
| | 920,000 | 買 掛 金 | 1,334,000 | 414,000 |
| | 60,000 | 未 払 金 | 60,000 | |
| | 33,000 | 預 り 金 | 38,000 | 5,000 |
| | 250,000 | 借 入 金 | 450,000 | 200,000 |
| | | 資 本 金 | 850,000 | 850,000 |
| | 50,000 | 売 上 | 1,874,000 | 1,824,000 |
| 1,344,000 | 1,374,000 | 仕 入 | 30,000 | |
| 375,000 | 375,000 | 給 料 | | |
| 68,000 | 68,000 | 光 熱 費 | | |
| 84,000 | 84,000 | 支 払 家 賃 | | |
| 4,100 | 4,100 | 支 払 利 息 | | |
| 3,493,000 | 8,826,100 | | 8,826,100 | 3,493,000 |

<table>
<tr><td colspan="3" align="center">売 掛 金 明 細 表</td></tr>
<tr><td></td><td>6月25日</td><td>6月30日</td></tr>
<tr><td>東京商店</td><td>¥201,000</td><td>¥205,000</td></tr>
<tr><td>埼玉商店</td><td>234,000</td><td>258,000</td></tr>
<tr><td>千葉商店</td><td>250,000</td><td>180,000</td></tr>
<tr><td></td><td>¥685,000</td><td>¥643,000</td></tr>
</table>

<table>
<tr><td colspan="3" align="center">買 掛 金 明 細 表</td></tr>
<tr><td></td><td>6月25日</td><td>6月30日</td></tr>
<tr><td>新潟商店</td><td>¥200,000</td><td>¥245,000</td></tr>
<tr><td>山形商店</td><td>110,000</td><td>99,000</td></tr>
<tr><td>秋田商店</td><td>140,000</td><td>70,000</td></tr>
<tr><td></td><td>¥450,000</td><td>¥414,000</td></tr>
</table>

## 解答3

決算整理事項の仕訳は以下のとおりである。

| | 借　　　　方 | | 貸　　　　方 | |
|---|---|---|---|---|
| 1 | 雑　　　　　損 | 500 | 現　　　　金 | 500 |
| 2 | 仕　　　　　入 | 7,000 | 繰　越　商　品 | 7,000 |
|   | 繰　越　商　品 | 9,000 | 仕　　　　入 | 9,000 |
| 3 | 貸倒引当金繰入 | 200 | 貸　倒　引　当　金 | 200 |
| 4 | 売買目的有価証券 | 500 | 有価証券評価益 | 500 |
| 5 | 交　通　費 | 600 | 仮　　払　　金 | 700 |
|   | 現　　　　金 | 100 | | |
| 6 | 減　価　償　却　費 | 3,000 | 減価償却累計額 | 3,000 |
| 7 | 前　払　家　賃 | 300 | 支　払　家　賃 | 300 |
| 8 | 未収有価証券利息 | 250 | 有価証券利息 | 250 |

## 精　算　表

| 勘定科目 | 残高試算表 借方 | 残高試算表 貸方 | 修正記入 借方 | 修正記入 貸方 | 損益計算書 借方 | 損益計算書 貸方 | 貸借対照表 借方 | 貸借対照表 貸方 |
|---|---|---|---|---|---|---|---|---|
| 現　　　　　金 | 6,000 | | 100 | 500 | | | 5,600 | |
| 当　座　預　金 | 30,000 | | | | | | 30,000 | |
| 売　　掛　　金 | 25,000 | | | | | | 25,000 | |
| 売買目的有価証券 | 3,500 | | 500 | | | | 4,000 | |
| 仮　　払　　金 | 700 | | | 700 | | | | |
| 繰　越　商　品 | 7,000 | | 9,000 | 7,000 | | | 9,000 | |
| 備　　　　　品 | 30,000 | | | | | | 30,000 | |
| 買　　掛　　金 | | 24,000 | | | | | | 24,000 |
| 借　　入　　金 | | 25,000 | | | | | | 25,000 |
| 貸　倒　引　当　金 | | 300 | | 200 | | | | 500 |
| 減価償却累計額 | | 5,400 | | 3,000 | | | | 8,400 |
| 資　　本　　金 | | 32,000 | | | | | | 32,000 |
| 売　　　　　上 | | 75,000 | | | | 75,000 | | |
| 有　価　証　券　利　息 | | 800 | | 250 | | 1,050 | | |
| 仕　　　　　入 | 54,000 | | 7,000 | 9,000 | 52,000 | | | |
| 給　　　　　料 | 2,000 | | | | 2,000 | | | |
| 支　払　家　賃 | 1,600 | | | 300 | 1,300 | | | |
| 交　　通　　費 | 1,200 | | 600 | | 1,800 | | | |
| 支　払　利　息 | 1,500 | | | | 1,500 | | | |
|  | 162,500 | 162,500 | | | | | | |
| 雑　　　　　損 | | | 500 | | 500 | | | |
| 貸倒引当金繰入 | | | 200 | | 200 | | | |
| 有価証券評価益 | | | | 500 | | 500 | | |
| 減　価　償　却　費 | | | 3,000 | | 3,000 | | | |
| 前　払　家　賃 | | | 300 | | | | 300 | |
| 未収有価証券利息 | | | 250 | | | | 250 | |
| 当　期　純　利　益 | | | | | 14,250 | | | 14,250 |
|  | | | 21,450 | 21,450 | 76,550 | 76,550 | 104,150 | 104,150 |

## 解答 4

決算整理事項の仕訳は以下のとおりである。

| | 借 方 | | 貸 方 | |
|---|---|---|---|---|
| 1 | 現 金 過 不 足 | 3,000 | 受 取 手 数 料 | 2,500 |
| | | | 雑 益 | 500 |
| 2 | 当 座 預 金 | 30,000 | 売 掛 金 | 30,000 |
| 3 | 備 品 | 1,000,000 | 仮 払 金 | 1,000,000 |
| 4 | 仕 入 | 320,000 | 繰 越 商 品 | 320,000 |
| | 繰 越 商 品 | 250,000 | 仕 入 | 250,000 |
| 5 | 消 耗 品 | 15,000 | 消 耗 品 費 | 15,000 |
| 6 | 貸倒引当金繰入 | 1,120 | 貸 倒 引 当 金 | 1,120 ※ |
| 7 | 有価証券評価損 | 8,000 | 売買目的有価証券 | 8,000 |
| 8 | 減 価 償 却 費 | 360,000 | 備品減価償却累計額 | 110,000 ※ |
| | | | 建物減価償却累計額 | 250,000 |
| 9 | 前 払 保 険 料 | 4,000 | 支 払 保 険 料 | 4,000 ※ |
| 10 | 支 払 地 代 | 8,000 | 未 払 地 代 | 8,000 |
| 11 | 受 取 手 数 料 | 4,000 | 前 受 手 数 料 | 4,000 |
| 12 | 前 払 利 息 | 3,000 | 支 払 利 息 | 3,000 |

※ 貸倒引当金繰入

期末貸倒引当金見積額（売掛金（198,000−30,000）＋受取手形160,000）× 4 ％＝13,120

差額補充法　13,120−12,000＝1,120

※ 備品減価償却費

期首以前保有のもの　取得原価600,000÷10年＝60,000

10月１日購入のもの　取得原価1,000,000÷10年÷２（半年分）＝50,000

※ 支払保険料

残高試算表の残高は14カ月分である。１カ月分の保険料は¥2,000

２カ月分を繰り延べる必要がある。

## 精　算　表

| 勘定科目 | 残高試算表 借方 | 残高試算表 貸方 | 修正記入 借方 | 修正記入 貸方 | 損益計算書 借方 | 損益計算書 貸方 | 貸借対照表 借方 | 貸借対照表 貸方 |
|---|---|---|---|---|---|---|---|---|
| 現　　　　　金 | 219,200 | | | | | | 219,200 | |
| 現　金　過　不　足 | | 3,000 | 3,000 | | | | | |
| 当　座　預　金 | 250,000 | | 30,000 | | | | 280,000 | |
| 受　取　手　形 | 160,000 | | | | | | 160,000 | |
| 売　掛　金 | 198,000 | | | 30,000 | | | 168,000 | |
| 売買目的有価証券 | 78,000 | | | 8,000 | | | 70,000 | |
| 仮　払　金 | 1,000,000 | | | 1,000,000 | | | | |
| 繰　越　商　品 | 320,000 | | 250,000 | 320,000 | | | 250,000 | |
| 建　　　　　物 | 5,000,000 | | | | | | 5,000,000 | |
| 備　　　　　品 | 600,000 | | 1,000,000 | | | | 1,600,000 | |
| 支　払　手　形 | | 306,000 | | | | | | 306,000 |
| 買　掛　金 | | 239,000 | | | | | | 239,000 |
| 借　入　金 | | 750,000 | | | | | | 750,000 |
| 貸　倒　引　当　金 | | 12,000 | | 1,120 | | | | 13,120 |
| 建物減価償却累計額 | | 2,000,000 | | 250,000 | | | | 2,250,000 |
| 備品減価償却累計額 | | 240,000 | | 110,000 | | | | 350,000 |
| 資　本　金 | | 3,000,000 | | | | | | 3,000,000 |
| 売　　　　　上 | | 4,929,000 | | | | 4,929,000 | | |
| 受　取　手　数　料 | | 64,000 | 4,000 | 2,500 | | 62,500 | | |
| 仕　　　　　入 | 2,414,800 | | 320,000 | 250,000 | 2,484,800 | | | |
| 給　　　　　料 | 870,000 | | | | 870,000 | | | |
| 支　払　保　険　料 | 28,000 | | | 4,000 | 24,000 | | | |
| 支　払　地　代 | 105,000 | | 8,000 | | 113,000 | | | |
| 光　熱　費 | 87,000 | | | | 87,000 | | | |
| 広　告　宣　伝　費 | 120,000 | | | | 120,000 | | | |
| 消　耗　品　費 | 53,000 | | | 15,000 | 38,000 | | | |
| 支　払　利　息 | 40,000 | | | 3,000 | 37,000 | | | |
| | 11,543,000 | 11,543,000 | | | | | | |
| （雑　　　　益） | | | | 500 | | 500 | | |
| 消　耗　品 | | | 15,000 | | | | 15,000 | |
| 貸倒引当金繰入 | | | 1,120 | | 1,120 | | | |
| 有価証券評価（損） | | | 8,000 | | 8,000 | | | |
| 減　価　償　却　費 | | | 360,000 | | 360,000 | | | |
| 前　払　保　険　料 | | | 4,000 | | | | 4,000 | |
| 前　受　手　数　料 | | | | 4,000 | | | | 4,000 |
| 未　払　地　代 | | | | 8,000 | | | | 8,000 |
| 前　払　利　息 | | | 3,000 | | | | 3,000 | |
| 当期純（利益） | | | | | 849,080 | | | 849,080 |
| | | | 2,006,120 | 2,006,120 | 4,992,000 | 4,992,000 | 7,769,200 | 7,769,200 |

# 第18章　仕訳問題

### 設問1

1. 現金 ¥1,500,000と車両 ¥800,000を元入れして営業を開始した。
2. 銀行から ¥500,000を借入れ，ただちに当座預金に預け入れた。
3. 借入金の利息 ¥80,000を現金で支払った。
4. 商品¥100,000を現金で仕入れた。
5. 売掛金¥200,000を相手方振り出し小切手で回収した。
6. 商品¥160,000を仕入れ，¥100,000は小切手で支払い，残りは掛けとした。
7. 車両¥600,000を¥600,000で売却し，代金は翌月10日に入金予定である。

|   | 借　　　方 | 貸　　　方 |
|---|---|---|
| 1 |  |  |
| 2 |  |  |
| 3 |  |  |
| 4 |  |  |
| 5 |  |  |
| 6 |  |  |
| 7 |  |  |

### 設問2

1. 代金は翌月末に支払う契約で機械装置¥550,000を購入した。
2. 商品¥90,000を掛けで売り上げた。
3. 買掛金¥70,000を小切手を振り出して支払った。
4. 借入金¥350,000を現金で返済した。
5. 商品¥100,000を仕入れ，現金¥30,000を支払い，残りは小切手を振り出した。
6. 土地¥1,000,000を購入し，代金は翌月末に支払うこととした。

7．商品¥50,000を売り渡し，代金は相手方振り出しの小切手で受け取った。

|   | 借　　　方 | 貸　　　方 |
|---|---|---|
| 1 | | |
| 2 | | |
| 3 | | |
| 4 | | |
| 5 | | |
| 6 | | |
| 7 | | |

## 設問3

1．買掛金¥40,000を小切手を振り出して支払った。
2．売掛代金¥80,000を送金小切手で回収した。
（3．～5．は連続した取引である）
3．現金の実際有高を調べたところ，帳簿より¥68,000多いことが判明した。
4．交通費¥7,500の二重記帳と売掛金受け取り¥50,000の記帳もれが判明した。
5．期末になっても過剰残額の原因がわからないので雑益勘定に振り替えた。
（6．～7．は連続した取引である）
6．現金の実際有高を調べたところ，帳簿より¥90,000少ないことが判明した。
7．交通費¥55,000，通信費¥35,000の記入もれがあることがわかった。

|   | 借　　　方 | 貸　　　方 |
|---|---|---|
| 1 | | |
| 2 | | |
| 3 | | |
| 4 | | |
| 5 | | |
| 6 | | |
| 7 | | |

## 設問 4

1．～4．の一連の取引を当座借越勘定を用いて仕訳しなさい。

現在の当座預金残高は¥150,000である。

1．商品¥50,000を仕入れ，代金は小切手を振り出して支払った。
2．売掛金のある得意先から売掛代金として当座預金に¥120,000の振込があった。
3．買掛金¥450,000を小切手を振り出して支払った。
4．送金小切手¥600,000を当座預金に預け入れた。

5．～6．の一連の取引を当座借越勘定を用いて仕訳しなさい。

現在の当座預金残高は¥350,000である。

5．売掛金代金¥100,000が当座預金に振り込まれた。
6．買掛金¥600,000を小切手を振り出して支払った。

|   | 借 方 | 貸 方 |
|---|---|---|
| 1 | | |
| 2 | | |
| 3 | | |
| 4 | | |
| 5 | | |
| 6 | | |

## 設問 5

1．備品¥600,000を購入し，代金は1週間後に支払うこととした。
2．上記備品代金を現金で支払った。
3．商品¥300,000を売上げ，¥200,000は現金で受け取り，残額は掛けとした。
（4．～6．は連続した取引である）
4．現金の実際有高を調べたところ，帳簿より¥250,000多かった。
5．期末に調査したところ，売掛金¥150,000回収の記帳漏れ，受取利息¥80,000の記帳漏れと通信費¥50,000の二重記帳が判明した。
6．残額の原因不明額は雑損または雑益勘定に振り替える。

7．商品¥800,000を掛けで仕入れた。

| | 借　　方 | 貸　　方 |
|---|---|---|
| 1 | | |
| 2 | | |
| 3 | | |
| 4 | | |
| 5 | | |
| 6 | | |
| 7 | | |

### 設問6

（1．～4．は一連の取引である）

1．第×1期末に売掛金残高¥5,000,000に対し8％の貸倒れを見積もる。
　現在，貸倒引当金残高は¥550,000である。（差額補充法）
2．得意先が倒産し売掛金¥200,000が回収不能となった。
3．第×2期末に売掛金残高¥8,000,000に対し7％の貸倒れを見積もる。（差額補充法）
4．得意先が倒産し売掛金¥700,000が回収不能となった。

（5．～6．は連続した取引である）

5．商品¥40,000を売り渡し代金は掛けとした。買手負担の発送代¥8,000を運送業者に現金で支払った。
6．上記商品の一部が破損していたため，商品¥5,000が返品された。

| | 借　　方 | 貸　　方 |
|---|---|---|
| 1 | | |
| 2 | | |
| 3 | | |
| 4 | | |
| 5 | | |
| 6 | | |

## 設問 7

1. 商品¥90,000を掛けで仕入れ，運賃¥5,000を現金で支払った。
2. 商品¥850,000を仕入れ，代金として約束手形を振り出した。
3. 受取手形¥700,000が期日になり現金で回収し，ただちに当座預金に入金した。
4. 商品¥200,000を売上げ，半分は小切手で，残り半分は約束手形を受け取った。
5. 支払手形¥250,000を小切手を振り出して支払った。
6. 受取手形¥2,000,000を銀行で割引き，割引料¥10,000を差し引かれた金額が当座預金に振り込まれた。
7. 前期に貸倒れ処理した売掛金¥500,000の半分を現金で回収した。

|   | 借 方 | 貸 方 |
|---|---|---|
| 1 |   |   |
| 2 |   |   |
| 3 |   |   |
| 4 |   |   |
| 5 |   |   |
| 6 |   |   |
| 7 |   |   |

## 設問 8

次の取引の仕訳を東京商店，富山商店，石川商店のそれぞれについて示しなさい。

① 東京商店は富山商店に商品¥750,000を掛け売りした。
② 東京商店は石川商店から商品¥500,000を仕入れ，代金は富山商店宛ての為替手形を振り出し富山商店の引き受けを得て，石川商店に渡した。
③ 石川商店は満期日になったので，富山商店に上記為替手形を提示し，手形代金を富山商店振り出しの小切手で受け取った。

|   |    | 借　　方 | 貸　　方 |
|---|----|---------|---------|
| ① | 東京 |         |         |
|   | 富山 |         |         |
| ② | 東京 |         |         |
|   | 富山 |         |         |
|   | 石川 |         |         |
| ③ | 富山 |         |         |
|   | 石川 |         |         |

## 設問 9

1. 受取手形¥1,000,000を銀行で割引き，割引料¥7,000を差し引かれた手取金を当座預金に預け入れた。
2. 商品¥450,000を仕入れ，代金として所有する受取手形を裏書譲渡した。

（3．～5．は連続した取引である）

3. 第×1期首に機械装置を¥6,400,000で購入し，代金は小切手で支払った。工場に機械装置を据え付けるのに¥600,000かかり業者に現金で支払った。
4. 第×1期末に上記機械装置の減価償却を行う。
   （定額法，間接法，残存価額¥0，見積耐用年数10年）
5. 第×2期首に上記機械装置を¥5,000,000で売却し，代金は現金で受け取った。

|   | 借　　方 | 貸　　方 |
|---|---------|---------|
| 1 |         |         |
| 2 |         |         |
| 3 |         |         |
| 4 |         |         |
| 5 |         |         |

## 設問10

1. 商品¥500,000を売り渡し，代金は掛けとした。発送費¥2,000は当社で負担し，現金で支払った。
2. 前期に貸倒れ処理した売掛金¥300,000を現金で回収した。
3. 得意先が倒産し売掛金¥150,000が回収不能となったため，貸倒れとして処理した。
　　（貸倒引当金は設定していなかった）
4. 送金小切手¥600,000を当座預金に預け入れた。
5. 掛けで仕入れた商品のうち¥20,000を品質不良のため返品した。
6. 掛けで売上げた商品¥80,000が返品された。
7. 未払金¥5,500を現金で支払った。

|   | 借　方 | 貸　方 |
|---|---|---|
| 1 |   |   |
| 2 |   |   |
| 3 |   |   |
| 4 |   |   |
| 5 |   |   |
| 6 |   |   |
| 7 |   |   |

## 設問11

（1.～3.は連続した取引である）

1. 第×1期首に建物を¥8,000,000で購入し代金は小切手で支払った。
　　改装工事を行い，¥2,000,000を業者に現金で支払った。
2. 第×1期末に上記建物の減価償却を行う。
　　（定額法，間接法，残存価額¥0，見積耐用年数20年）
3. 第×2期末に上記建物を¥9,200,000で売却し，代金は現金で受け取った。
　　（第×2期の減価償却費はすでに計上済みである）

（4.～5.は連続した取引である）

4. 得意先が倒産し前期から繰り越した売掛金¥300,000が回収不能となった。
　　（現在の貸倒引当金残高¥800,000）

5．決算で，売掛金残高￥5,000,000に対し6％の貸倒引当金を見積もる。（差額補充法）

| | 借　　　方 | 貸　　　方 |
|---|---|---|
| 1 | | |
| 2 | | |
| 3 | | |
| 4 | | |
| 5 | | |

## 設問12

1．商品￥200,000を仕入れ￥100,000は小切手を振り出して支払い，残額は掛けとした。
2．商品￥150,000を掛けで売り渡した。先方負担の発送費用￥3,000を現金で支払った。
3．売掛金￥250,000を送金小切手で回収した。
（4．～5．は一連の取引である）
4．商品￥1,000,000の仕入にあたり，20％の手付け金を現金で支払った。
5．3日後に商品を受け取り，残額を小切手を振り出して支払った。
（6．～7．は一連の取引である）
6．当座預金に原因不明の入金￥45,000があった。
7．後日，上記振込は仕入値引であることがわかった。

| | 借　　　方 | 貸　　　方 |
|---|---|---|
| 1 | | |
| 2 | | |
| 3 | | |
| 4 | | |
| 5 | | |
| 6 | | |
| 7 | | |

## 設問13

（1．～2．は一連の取引である）
1．商品¥750,000の販売にあたり10％の手付け金を現金で受け取った。
2．上記商品を売り渡し，残額の代金を先方振出の小切手で受け取った。
（3．～5．は一連の取引である）
3．従業員に給料の前貸しとして現金¥100,000を渡した。
4．給料¥500,000から上記前貸し分，および，源泉所得税額¥28,000を控除し残りを現金で支払った。
5．上記源泉所得税額を小切手を振り出し，税務署に支払った。
6．商品¥800,000を仕入れ，小切手で支払った。引取運賃¥15,000は現金で支払った。

|   | 借　　　方 | 貸　　　方 |
|---|---|---|
| 1 |  |  |
| 2 |  |  |
| 3 |  |  |
| 4 |  |  |
| 5 |  |  |
| 6 |  |  |

## 設問14

1．商品¥500,000を売り渡し代金は掛けとした。先方負担の発送費¥8,000は現金で支払った。
（2．～3．は一連の取引である）
2．8/1に銀行から¥1,000,000を年利6％で借入れ，ただちに当座預金に預け入れた。利息は半年ごとに支払う契約となっており，初回の利息支払日は1/31である。
3．期末12/31に上記借入金について適切な処理を行う。
（4．～5．は一連の取引である）
4．アパートを経営している。10/1に新たな入居者と契約を結び，4カ月分の家賃¥400,000を現金で受け取った。

5．期末12/31に上記家賃について適切な処理を行う。
6．商品¥300,000を仕入れ，代金として所有する約束手形を裏書譲渡した。

|   | 借　　方 | 貸　　方 |
|---|---|---|
| 1 |  |  |
| 2 |  |  |
| 3 |  |  |
| 4 |  |  |
| 5 |  |  |
| 6 |  |  |

## 設問15

（1．〜2．は一連の取引である）
1．11/1に銀行から¥1,000,000を年利9％で借り入れ，半年分の利息を差し引いた金額を受け取り，ただちに当座預金に預け入れた。
2．期末12/31に上記借入金について適切な処理を行う。
（3．〜4．は一連の取引である）
3．9/1に1年分の車両保険¥360,000を小切手で支払った。
4．期末12/31に上記車両保険について適切な処理を行う。
（5．〜6．は一連の取引である）
5．10/1に銀行から¥6,000,000を年利5％で借入れ，ただちに当座預金に預け入れた。利息は半年ごとに支払う契約となっており，初回の利息支払日は3/31である。
6．期末12/31に上記借入金について適切な処理を行う。

|   | 借　　方 | 貸　　方 |
|---|---|---|
| 1 |  |  |
| 2 |  |  |
| 3 |  |  |
| 4 |  |  |
| 5 |  |  |
| 6 |  |  |

## 設問16

1. 店主が現金￥900,000，土地￥3,000,000，車両運搬具￥800,000を元入れし開業した。
2. 店主が事業拡張のため現金￥500,000を追加出資した。
3. 固定資産税￥460,000を現金で納付した。このうち40％は家計の負担である。
4. 通信費￥80,000を現金で支払った。このうち半分は家計の負担である。
   （5．～6．は一連の取引である）
5. 11/1に半年後に利息を受け取る契約で年利5％で￥600,000を貸付け現金を渡した。
6. 期末3/31に上記貸付金について適切な処理を行う。

| | 借　　　方 | 貸　　　方 |
|---|---|---|
| 1 | | |
| 2 | | |
| 3 | | |
| 4 | | |
| 5 | | |
| 6 | | |

## 設問17

1. 仕入勘定を使って売上原価の計算を行う。期首の繰越商品勘定残高は￥450,000，当期仕入高￥6,000,000，期末の商品棚卸高は￥750,000である。
2. 期末にあたり，仕入勘定を使って売上原価の計算を行う。
   決算整理前の総勘定元帳の繰越商品残高は￥500,000，仕入残高は￥1,800,000だった。期末に行った棚卸の商品残高は￥300,000だった。
3. 商品￥350,000を仕入れ，代金は掛けとした。引取運賃￥5,000を現金で支払った。
4. 年利5％の国債を￥3,000,000所有している。利払い日となったので利札を当座預金に預け入れた。（利払いは年2回）
5. 掛けで売り渡した商品の一部が破損していたため，￥10,000の値引を承諾した。
6. 掛けで仕入れた商品が見本と若干異なるため，￥10,000の値引を要請し承諾を得た。

|   | 借　　　方 | 貸　　　方 |
|---|---|---|
| 1 |  |  |
| 2 |  |  |
| 3 |  |  |
| 4 |  |  |
| 5 |  |  |
| 6 |  |  |

## 設問18

（1．～4．は連続した取引である）

1．名古屋会社株式を1株当たり¥6,500で1,000株購入した。
　代金は買入手数料¥170,000とあわせて，小切手を振り出して支払った。
2．期末の名古屋会社株式は1株¥6,300であった。時価法による評価を行う。
3．名古屋会社株式1株当たり¥250の配当を受け取りただちに当座預金に預け入れた。
4．名古屋会社株式を1株¥7,000で売却し，代金は当座預金に預け入れた。

（5．～6．は一連の取引である）

5．決算にあたり，売掛金残高¥1,800,000に対し3％の貸倒れを見積もった。
　現在，貸倒引当金勘定残高が¥20,000ある。（差額補充法による）
6．翌期得意先が倒産し，前期から繰り越していた売掛金¥30,000が回収不能となった。

|   | 借　　　方 | 貸　　　方 |
|---|---|---|
| 1 |  |  |
| 2 |  |  |
| 3 |  |  |
| 4 |  |  |
| 5 |  |  |
| 6 |  |  |

## 設問19

1. 前期に貸倒れとして処理した売掛金¥70,000のうち半分を現金で回収した。
（2.～4.は一連の取引である）
2. 秋田会社株式を1株¥900で7,000株購入し，代金は買入手数料¥350,000とともに小切手で支払った。
3. 期末の秋田会社株式は1株¥800であった。時価法による期末評価を行う。
4. 秋田会社株式を1株¥700で4,000株売却し，代金は当座預金に預け入れた。
（5.～6.は一連の取引である）
5. 得意先が倒産し売掛金¥400,000が回収不能となった。貸倒引当金残高は¥200,000。
6. 第×1期末に売掛金残高¥5,000,000に対し7％の貸倒れを見積もる。

|   | 借　　　　方 | 貸　　　　方 |
|---|---|---|
| 1 |  |  |
| 2 |  |  |
| 3 |  |  |
| 4 |  |  |
| 5 |  |  |
| 6 |  |  |

## 設問20

1. 仕入れた商品に若干の傷があり¥30,000の値引を要請し，送金小切手を受け取った。
2. 年利8％の国債を¥5,000,000所有している。利払い日となったので利札を当座預金に預け入れた。（利払いは年2回）
（3.～4.は一連の取引である）
3. 10/1に銀行から¥3,000,000を年利7％で借り入れ，半年分の利息を差し引いた金額を受け取り，ただちに当座預金に預け入れた。
4. 期末12/31に上記借入金について適切な処理を行う。
（5.～6.は一連の取引である）
5. 車両運搬具¥1,800,000を購入し，手数料¥200,000とともに小切手で支払った。
6. 期末に上記車両運搬具の減価償却を行う。
（定額法，間接法，残存価額¥0，見積耐用年数5年）

| | 借　　方 | 貸　　方 |
|---|---|---|
| 1 | | |
| 2 | | |
| 3 | | |
| 4 | | |
| 5 | | |
| 6 | | |

## 設問21

1. 期末にあたり仕入勘定を使って売上原価の計算を行う。決算整理前の総勘定元帳の繰越商品残高は¥700,000，仕入残高は¥2,000,000だった。期末に行った棚卸の商品残高は¥550,000だった。

（2.～4.は一連の取引である）

2. 第×1期首に機械装置を¥4,500,000で購入し代金は小切手で支払った。
   工場に機械装置を据え付けるのに¥500,000かかり，業者に現金で支払った。
3. 第×1期末に上記機械装置の減価償却を行う。
   （定額法，間接法，残存価額¥0，見積耐用年数20年）
4. 第×2期首に上記機械装置を¥3,000,000で売却し，代金は現金で受け取った。
5. 商品¥700,000を掛けで売上げ，発送費¥3,000は当社で負担し現金で支払った。

| | 借　　方 | 貸　　方 |
|---|---|---|
| 1 | | |
| 2 | | |
| 3 | | |
| 4 | | |
| 5 | | |

# 第18章　仕訳問題　　　解　答

### 解答1

| | 借　　　方 | | 貸　　　方 | |
|---|---|---|---|---|
| 1 | 現　　　金 | 1,500,000 | 資　本　金 | 2,300,000 |
| | 車両運搬具 | 800,000 | | |
| 2 | 当座預金 | 500,000 | 借　入　金 | 500,000 |
| 3 | 支払利息 | 80,000 | 現　　　金 | 80,000 |
| 4 | 仕　　　入 | 100,000 | 現　　　金 | 100,000 |
| 5 | 現　　　金 | 200,000 | 売　掛　金 | 200,000 |
| 6 | 仕　　　入 | 160,000 | 当座預金 | 100,000 |
| | | | 買　掛　金 | 60,000 |
| 7 | 未　収　金 | 600,000 | 車両運搬具 | 600,000 |

### 解答2

| | 借　　　方 | | 貸　　　方 | |
|---|---|---|---|---|
| 1 | 機械装置 | 550,000 | 未　払　金 | 550,000 |
| 2 | 売　掛　金 | 90,000 | 売　　　上 | 90,000 |
| 3 | 買　掛　金 | 70,000 | 当座預金 | 70,000 |
| 4 | 借　入　金 | 350,000 | 現　　　金 | 350,000 |
| 5 | 仕　　　入 | 100,000 | 現　　　金 | 30,000 |
| | | | 当座預金 | 70,000 |
| 6 | 土　　　地 | 1,000,000 | 未　払　金 | 1,000,000 |
| 7 | 現　　　金 | 50,000 | 売　　　上 | 50,000 |

### 解答3

| | 借　　　方 | | 貸　　　方 | |
|---|---|---|---|---|
| 1 | 買　掛　金 | 40,000 | 当座預金 | 40,000 |
| 2 | 現　　　金 | 80,000 | 売　掛　金 | 80,000 |
| 3 | 現　　　金 | 68,000 | 現金過不足 | 68,000 |
| 4 | 現金過不足 | 57,500 | 交　通　費 | 7,500 |
| | | | 売　掛　金 | 50,000 |
| 5 | 現金過不足 | 10,500 | 雑　　　益 | 10,500 |
| 6 | 現金過不足 | 90,000 | 現　　　金 | 90,000 |
| 7 | 交　通　費 | 55,000 | 現金過不足 | 90,000 |
| | 通　信　費 | 35,000 | | |

## 解答4

|   | 借　　　方 |   | 貸　　　方 |   |
|---|---|---|---|---|
| 1 | 仕　　入 | 50,000 | 当 座 預 金 | 50,000 |
| 2 | 当 座 預 金 | 120,000 | 売 掛 金 | 120,000 |
| 3 | 買 掛 金 | 450,000 | 当 座 預 金 | 220,000 |
|   |   |   | 当 座 借 越 | 230,000 |
| 4 | 当 座 借 越 | 230,000 | 現　　金 | 600,000 |
|   | 当 座 預 金 | 370,000 |   |   |
| 5 | 当 座 預 金 | 100,000 | 売 掛 金 | 100,000 |
| 6 | 買 掛 金 | 600,000 | 当 座 預 金 | 450,000 |
|   |   |   | 当 座 借 越 | 150,000 |

## 解答5

|   | 借　　　方 |   | 貸　　　方 |   |
|---|---|---|---|---|
| 1 | 備　　品 | 600,000 | 未 払 金 | 600,000 |
| 2 | 未 払 金 | 600,000 | 現　　金 | 600,000 |
| 3 | 現　　金 | 200,000 | 売　　上 | 300,000 |
|   | 売 掛 金 | 100,000 |   |   |
| 4 | 現　　金 | 250,000 | 現金過不足 | 250,000 |
| 5 | 現金過不足 | 280,000 | 売 掛 金 | 150,000 |
|   |   |   | 受 取 利 息 | 80,000 |
|   |   |   | 通 信 費 | 50,000 |
| 6 | 雑　　損 | 30,000 | 現金過不足 | 30,000 |
| 7 | 仕　　入 | 800,000 | 買 掛 金 | 800,000 |

## 解答6

|   | 借　　　方 |   | 貸　　　方 |   |
|---|---|---|---|---|
| 1 | 貸倒引当金 | 150,000 | 貸倒引当金戻入 | 150,000 |
| 2 | 貸倒引当金 | 200,000 | 売 掛 金 | 200,000 |
| 3 | 貸倒引当金繰入 | 360,000 | 貸倒引当金 | 360,000 |
| 4 | 貸倒引当金 | 560,000 | 売 掛 金 | 700,000 |
|   | 貸 倒 損 失 | 140,000 |   |   |
| 5 | 売 掛 金 | 48,000 | 売　　上 | 40,000 |
|   |   |   | 現　　金 | 8,000 |
| 6 | 売　　上 | 5,000 | 売 掛 金 | 5,000 |

## 解答 7

|   | 借 方 | | 貸 方 | |
|---|---|---|---|---|
| 1 | 仕　　入 | 95,000 | 買　掛　金 | 90,000 |
|   |   |   | 現　　金 | 5,000 |
| 2 | 仕　　入 | 850,000 | 支　払　手　形 | 850,000 |
| 3 | 当　座　預　金 | 700,000 | 受　取　手　形 | 700,000 |
| 4 | 現　　金 | 100,000 | 売　　上 | 200,000 |
|   | 受　取　手　形 | 100,000 |   |   |
| 5 | 支　払　手　形 | 250,000 | 当　座　預　金 | 250,000 |
| 6 | 当　座　預　金 | 1,990,000 | 受　取　手　形 | 2,000,000 |
|   | 手形売却損 | 10,000 |   |   |
| 7 | 現　　金 | 250,000 | 償却債権取立益 | 250,000 |

## 解答 8

|   |   | 借 方 | | 貸 方 | |
|---|---|---|---|---|---|
| ① | 東京 | 売　掛　金 | 750,000 | 売　　上 | 750,000 |
|   | 富山 | 仕　　入 | 750,000 | 買　掛　金 | 750,000 |
| ② | 東京 | 仕　　入 | 500,000 | 売　掛　金 | 500,000 |
|   | 富山 | 買　掛　金 | 500,000 | 支　払　手　形 | 500,000 |
|   | 石川 | 受　取　手　形 | 500,000 | 売　　上 | 500,000 |
| ③ | 富山 | 支　払　手　形 | 500,000 | 当　座　預　金 | 500,000 |
|   | 石川 | 現　　金 | 500,000 | 受　取　手　形 | 500,000 |

## 解答 9

|   | 借 方 | | 貸 方 | |
|---|---|---|---|---|
| 1 | 当　座　預　金 | 993,000 | 受　取　手　形 | 1,000,000 |
|   | 手形売却損 | 7,000 |   |   |
| 2 | 仕　　入 | 450,000 | 受　取　手　形 | 450,000 |
| 3 | 機　械　装　置 | 7,000,000 | 当　座　預　金 | 6,400,000 |
|   |   |   | 現　　金 | 600,000 |
| 4 | 減価償却費 | 700,000 | 減価償却累計額 | 700,000 |
| 5 | 減価償却累計額 | 700,000 | 機　械　装　置 | 7,000,000 |
|   | 現　　金 | 5,000,000 |   |   |
|   | 固定資産売却損 | 1,300,000 |   |   |

## 解答10

| | 借　　　方 | | 貸　　　方 | |
|---|---|---|---|---|
| 1 | 売　掛　金 | 500,000 | 売　　　上 | 500,000 |
| | 発　送　費 | 2,000 | 現　　　金 | 2,000 |
| 2 | 現　　　金 | 300,000 | 償却債権取立益 | 300,000 |
| 3 | 貸　倒　損　失 | 150,000 | 売　掛　金 | 150,000 |
| 4 | 当　座　預　金 | 600,000 | 現　　　金 | 600,000 |
| 5 | 買　掛　金 | 20,000 | 仕　　　入 | 20,000 |
| 6 | 売　　　上 | 80,000 | 売　掛　金 | 80,000 |
| 7 | 未　払　金 | 5,500 | 現　　　金 | 5,500 |

## 解答11

| | 借　　　方 | | 貸　　　方 | |
|---|---|---|---|---|
| 1 | 建　　　物 | 10,000,000 | 当　座　預　金 | 8,000,000 |
| | | | 現　　　金 | 2,000,000 |
| 2 | 減価償却費 | 500,000 | 減価償却累計額 | 500,000 |
| 3 | 減価償却累計額 | 1,000,000 | 建　　　物 | 10,000,000 |
| | 現　　　金 | 9,200,000 | 固定資産売却益 | 200,000 |
| 4 | 貸倒引当金 | 300,000 | 売　掛　金 | 300,000 |
| 5 | 貸倒引当金 | 200,000 | 貸倒引当金戻入 | 200,000 |

## 解答12

| | 借　　　方 | | 貸　　　方 | |
|---|---|---|---|---|
| 1 | 仕　　　入 | 200,000 | 当　座　預　金 | 100,000 |
| | | | 買　掛　金 | 100,000 |
| 2 | 売　掛　金 | 153,000 | 売　　　上 | 150,000 |
| | | | 現　　　金 | 3,000 |
| 3 | 現　　　金 | 250,000 | 売　掛　金 | 250,000 |
| 4 | 前　払　金 | 200,000 | 現　　　金 | 200,000 |
| 5 | 仕　　　入 | 1,000,000 | 当　座　預　金 | 800,000 |
| | | | 前　払　金 | 200,000 |
| 6 | 当　座　預　金 | 45,000 | 仮　受　金 | 45,000 |
| 7 | 仮　受　金 | 45,000 | 仕　　　入 | 45,000 |

## 解答13

| | 借　　　方 | | 貸　　　方 | |
|---|---|---|---|---|
| 1 | 現　　金 | 75,000 | 前 受 金 | 75,000 |
| 2 | 前 受 金 | 75,000 | 売　　上 | 750,000 |
|   | 現　　金 | 675,000 |   |   |
| 3 | 立 替 金 | 100,000 | 現　　金 | 100,000 |
| 4 | 給　　料 | 500,000 | 立 替 金 | 100,000 |
|   |   |   | 預 り 金 | 28,000 |
|   |   |   | 現　　金 | 372,000 |
| 5 | 預 り 金 | 28,000 | 当 座 預 金 | 28,000 |
| 6 | 仕　　入 | 815,000 | 当 座 預 金 | 800,000 |
|   |   |   | 現　　金 | 15,000 |

## 解答14

| | 借　　　方 | | 貸　　　方 | |
|---|---|---|---|---|
| 1 | 売 掛 金 | 508,000 | 売　　上 | 500,000 |
|   |   |   | 現　　金 | 8,000 |
| 2 | 当 座 預 金 | 1,000,000 | 借 入 金 | 1,000,000 |
| 3 | 支 払 利 息 | 25,000 | 未 払 利 息 | 25,000 |
| 4 | 現　　金 | 400,000 | 受 取 家 賃 | 400,000 |
| 5 | 受 取 家 賃 | 100,000 | 前 受 家 賃 | 100,000 |
| 6 | 仕　　入 | 300,000 | 受 取 手 形 | 300,000 |

## 解答15

| | 借　　　方 | | 貸　　　方 | |
|---|---|---|---|---|
| 1 | 当 座 預 金 | 955,000 | 借 入 金 | 1,000,000 |
|   | 支 払 利 息 | 45,000 |   |   |
| 2 | 前 払 利 息 | 30,000 | 支 払 利 息 | 30,000 |
| 3 | 支 払 保 険 料 | 360,000 | 当 座 預 金 | 360,000 |
| 4 | 前 払 保 険 料 | 240,000 | 支 払 保 険 料 | 240,000 |
| 5 | 当 座 預 金 | 6,000,000 | 借 入 金 | 6,000,000 |
| 6 | 支 払 利 息 | 75,000 | 未 払 利 息 | 75,000 |

## 解答16

| | 借　　　方 | | 貸　　　方 | |
|---|---|---|---|---|
| 1 | 現　　　金 | 900,000 | 資　本　金 | 4,700,000 |
| | 土　　　地 | 3,000,000 | | |
| | 車両運搬具 | 800,000 | | |
| 2 | 現　　　金 | 500,000 | 資　本　金 | 500,000 |
| 3 | 固定資産税（租税公課） | 276,000 | 現　　　金 | 460,000 |
| | 引　出　金 | 184,000 | | |
| 4 | 通　信　費 | 40,000 | 現　　　金 | 80,000 |
| | 引　出　金 | 40,000 | | |
| 5 | 貸　付　金 | 600,000 | 現　　　金 | 600,000 |
| 6 | 未　収　利　息 | 12,500 | 受　取　利　息 | 12,500 |

## 解答17

| | 借　　　方 | | 貸　　　方 | |
|---|---|---|---|---|
| 1 | 仕　　　入 | 450,000 | 繰　越　商　品 | 450,000 |
| | 繰　越　商　品 | 750,000 | 仕　　　入 | 750,000 |
| 2 | 仕　　　入 | 500,000 | 繰　越　商　品 | 500,000 |
| | 繰　越　商　品 | 300,000 | 仕　　　入 | 300,000 |
| 3 | 仕　　　入 | 355,000 | 買　掛　金 | 350,000 |
| | | | 現　　　金 | 5,000 |
| 4 | 当　座　預　金 | 75,000 | 有価証券利息 | 75,000 |
| 5 | 売　　　上 | 10,000 | 売　掛　金 | 10,000 |
| 6 | 買　掛　金 | 10,000 | 仕　　　入 | 10,000 |

## 解答18

| | 借　　　方 | | 貸　　　方 | |
|---|---|---|---|---|
| 1 | 売買目的有価証券 | 6,670,000 | 当　座　預　金 | 6,670,000 |
| 2 | 有価証券評価損 | 370,000 | 売買目的有価証券 | 370,000 |
| 3 | 当　座　預　金 | 250,000 | 受取配当金 | 250,000 |
| 4 | 当　座　預　金 | 7,000,000 | 売買目的有価証券 | 6,300,000 |
| | | | 有価証券売却益 | 700,000 |
| 5 | 貸倒引当金繰入 | 34,000 | 貸倒引当金 | 34,000 |
| 6 | 貸倒引当金 | 30,000 | 売　掛　金 | 30,000 |

## 解答19

| | 借　　　　方 | | 貸　　　　方 | |
|---|---|---|---|---|
| 1 | 現　　　　金 | 35,000 | 償却債権取立益 | 35,000 |
| 2 | 売買目的有価証券 | 6,650,000 | 当 座 預 金 | 6,650,000 |
| 3 | 有価証券評価損 | 1,050,000 | 売買目的有価証券 | 1,050,000 |
| 4 | 当 座 預 金 | 2,800,000 | 売買目的有価証券 | 3,200,000 |
|   | 有価証券売却損 | 400,000 | | |
| 5 | 貸倒引当金 | 200,000 | 売　掛　金 | 400,000 |
|   | 貸 倒 損 失 | 200,000 | | |
| 6 | 貸倒引当金繰入 | 350,000 | 貸倒引当金 | 350,000 |

## 解答20

| | 借　　　　方 | | 貸　　　　方 | |
|---|---|---|---|---|
| 1 | 現　　　　金 | 30,000 | 仕　　　　入 | 30,000 |
| 2 | 当 座 預 金 | 200,000 | 有価証券利息 | 200,000 |
| 3 | 支 払 利 息 | 105,000 | 借　入　金 | 3,000,000 |
|   | 当 座 預 金 | 2,895,000 | | |
| 4 | 前 払 利 息 | 52,500 | 支 払 利 息 | 52,500 |
| 5 | 車両運搬具 | 2,000,000 | 当 座 預 金 | 2,000,000 |
| 6 | 減価償却費 | 400,000 | 減価償却累計額 | 400,000 |

## 解答21

| | 借　　　　方 | | 貸　　　　方 | |
|---|---|---|---|---|
| 1 | 仕　　　　入 | 700,000 | 繰 越 商 品 | 700,000 |
|   | 繰 越 商 品 | 550,000 | 仕　　　　入 | 550,000 |
| 2 | 機 械 装 置 | 5,000,000 | 当 座 預 金 | 4,500,000 |
|   | | | 現　　　　金 | 500,000 |
| 3 | 減価償却費 | 250,000 | 減価償却累計額 | 250,000 |
| 4 | 現　　　　金 | 3,000,000 | 機 械 装 置 | 5,000,000 |
|   | 減価償却累計額 | 250,000 | | |
|   | 固定資産売却損 | 1,750,000 | | |
| 5 | 売　掛　金 | 700,000 | 売　　　　上 | 700,000 |
|   | 発　送　費 | 3,000 | 現　　　　金 | 3,000 |

# 第19章　総合問題

### 設問 1

次の取引を仕訳しなさい。ただし，勘定科目は次の中から最も適当と思われるものを選ぶこと。

現　　　　金　　当　座　預　金　　売　　掛　　金　　受　取　手　形
仮　　払　　金　　前　　払　　金　　手　形　貸　付　金　　買　　掛　　金
支　払　手　形　　前　　受　　金　　借　　入　　金　　手　形　借　入　金
売　　　　上　　受　取　利　息　　償却債権取立益　　仕　　　　入
発　　送　　費　　支　払　運　賃　　支　払　利　息　　貸　倒　損　失

1. 平塚商店からの買掛金の支払いのために，売掛金のある平沼商店を名宛人とする為替手形￥380,000を振り出して支払った。平沼商店からは引き受け済み。
2. 前期に貸し倒れとして処理していた売掛金の一部￥15,000が現金で回収された。
3. 商品を￥250,000で掛け売りした。その際の発送費￥18,000を現金で支払ったが，先方の負担である。
4. 商品￥380,000を仕入れ，先に支払った内金￥120,000を控除して，代金を小切手を振り出して支払った。なお，引取運賃￥22,000は現金で支払った。
5. 平成22年3月1日にX銀行から不動産を担保として￥4,000,000を借り入れた。この借入金に対して約束手形を振り出し，利息を差し引かれ，手取金は当座預金に振り込まれた。
   借入期間は9カ月，利率は年4.0%であり，利息は月割り計算する。

|   | 仕　　　　訳 | | | |
|---|---|---|---|---|
|   | 借　方　科　目 | 金　　額 | 貸　方　科　目 | 金　　額 |
| 1 | | | | |
| 2 | | | | |
| 3 | | | | |

| 4 | | | |
|---|---|---|---|
| 5 | | | |

### 設問 2

神奈川商店は，Y商品を横浜商店から掛けで仕入れて，それを藤沢商店へ掛けで販売している。2月中の取引を仕入帳と売上帳に記入した（締め切っていない）。これに基づいて質問に答えなさい。（太字は赤）

仕　入　帳

| 平成〇年 | | 摘　　要 | 内　訳 | 金　額 |
|---|---|---|---|---|
| 2 | 8 | 横浜商店　　　　　　　　　　掛け | | |
| | | 　Y商品　700個　@¥208 | 145,600 | |
| | | 　引取運賃　現金払い | 8,400 | 154,000 |
| | 20 | 横浜商店　　　　　　　　　　掛け | | |
| | | 　Y商品　800個　@¥212 | 169,600 | |
| | | 　引取運賃　現金払い | 8,800 | 178,400 |

売　上　帳

| 平成〇年 | | 摘　　要 | 内　訳 | 金　額 |
|---|---|---|---|---|
| 2 | 12 | 藤沢商店　　　　　　　　　　掛け | | |
| | | 　Y商品　600個　@¥265 | | 159,000 |
| | 25 | 藤沢商店　　　　　　　　　　掛け | | |
| | | 　Y商品　500個　@¥272 | | 136,000 |
| | 26 | **藤沢商店　　　　　　　　　掛値引** | | |
| | | **　Y商品　20個　@¥272** | | **5,440** |

1．商品有高帳に移動平均法によって記入しなさい。
2．当月の商品売買の損益計算を行いなさい。

## 1.

商　品　有　高　帳　　　　　（単位：個，円）

Y商品

| 平成 ○年 | | 摘　要 | 受　入 | | | 引　渡 | | | 残　高 | | |
|---|---|---|---|---|---|---|---|---|---|---|---|
| | | | 数量 | 単価 | 金　額 | 数量 | 単価 | 金　額 | 数量 | 単価 | 金　額 |
| 2 | 1 | 繰　越 | 300 | 210 | 63,000 | | | | 300 | 210 | 63,000 |

## 2．Y商品の2月中における損益計算

売　上　高　￥　　　　　　　　

売　上　原　価　￥　　　　　　　　

売　上　総　利　益　￥　　　　　　　　

### 設問 3

次の残高試算表（A）は，平成○年1月1日から2月28日までの取引の結果を示したものである。3月1日から3月31日の諸取引（B）のデータを追加して，解答用紙の平成○年3月31日現在の残高試算表を作成しなさい。

（A）平成○年2月28日現在の残高試算表

残　高　試　算　表
平成○年2月28日

| 現　　　　　金 | 152,000 | 支　払　手　形 | 123,000 |
|---|---|---|---|
| 当　座　預　金 | 250,000 | 買　　掛　　金 | 194,600 |
| 受　取　手　形 | 108,000 | 預　　り　　金 | 25,420 |
| 売　　掛　　金 | 236,400 | 借　　入　　金 | 200,000 |
| 繰　越　商　品 | 85,000 | 資　　本　　金 | 500,000 |
| 建　　　　　物 | 350,000 | 売　　　　　上 | 1,230,130 |
| 仕　　　　　入 | 721,800 | | |
| 給　　　　　料 | 286,200 | | |
| 発　　送　　費 | 38,400 | | |
| 交　　通　　費 | 15,620 | | |
| 通　　信　　費 | 13,880 | | |
| 消　耗　品　費 | 5,210 | | |
| 雑　　　　　費 | 2,430 | | |
| 支　払　利　息 | 8,210 | | |
| | 2,273,150 | | 2,273,150 |

（B）平成〇年3月1日から3月31日までの諸取引

- 1日 今月から定額資金前渡制（インプレスト・システム）を採用することになり、今月分の小口現金￥50,000を小切手を振り出して小口現金係に渡した。
- 2日 備品を購入し、代金￥50,000の内￥30,000を小切手を振り出して支払い、残額は来月末に支払う。
- 5日 得意先A社に商品を販売し、代金￥285,000の内￥150,000は得意先A社の振り出した小切手を受け取り、残りは掛けとした。なお、商品発送に伴う費用（当社負担）￥17,200を現金で支払った。
- 6日 仕入先X社より、2カ月後に商品￥120,000を購入する約束をし、手付金として現金￥24,000を支払った。
- 9日 商品を仕入れ、代金￥180,000の内￥80,000は手持ちの為替手形を裏書譲渡し、残額は掛けとした。なお、この商品仕入れに伴う諸費用￥22,000は現金で支払った。
- 10日 所得税の源泉徴収額￥25,420を税務署に現金で納付した。
- 15日 売掛金￥120,000の回収として、得意先のC社が振り出した約束手形で受け取った。
- 17日 手持ちの約束手形￥85,000を銀行で割り引き、割引料￥2,250を控除した残額は当座預金に預け入れた。
- 21日 買掛金のある仕入先Y社より為替手形￥110,000の引き受けを求められ、承諾した。
- 23日 商品を￥145,000で売り上げ、代金のうち￥100,000は得意先B社の振り出した約束手形で受け取り、残額は掛けとした。
- 25日 従業員の給料￥175,600を支給するに際して、源泉徴収額￥23,600を差し引き、手取額を現金で支払った。
- 26日 以前振り出した約束手形￥50,000の満期となり、当座預金から引き出された。
- 31日 小口現金係から今月分の支払明細について次の通り報告があり、ただちに小切手で補充した。

　　　　交　通　費　￥18,890　　　通　信　費　￥15,450
　　　　消耗品費　￥ 6,540　　　雑　　　費　￥ 4,820

## 残高試算表
平成○年3月31日

| | | | | |
|---|---|---|---|---|
| 現　　　　金 | ( 　　　 ) | 支 払 手 形 | ( 　　　 ) |
| 小 口 現 金 | ( 　　　 ) | 買 　 掛 　 金 | ( 　　　 ) |
| 当 座 預 金 | ( 　　　 ) | ( 　　　 ) | ( 　　　 ) |
| 受 取 手 形 | ( 　　　 ) | 預 　 り 　 金 | ( 　　　 ) |
| 売 　 掛 　 金 | ( 　　　 ) | 借 　 入 　 金 | 200,000 |
| 繰 越 商 品 | 85,000 | 資 　 本 　 金 | 500,000 |
| ( 　　　 ) | ( 　　　 ) | 売 　 　 　 上 | ( 　　　 ) |
| 備 　 　 　 品 | ( 　　　 ) | | |
| 建 　 　 　 物 | 350,000 | | |
| 仕 　 　 　 入 | ( 　　　 ) | | |
| 給 　 　 　 料 | ( 　　　 ) | | |
| 発 　 送 　 費 | ( 　　　 ) | | |
| 交 　 通 　 費 | ( 　　　 ) | | |
| 通 　 信 　 費 | ( 　　　 ) | | |
| 消 耗 品 費 | ( 　　　 ) | | |
| 雑 　 　 　 費 | ( 　　　 ) | | |
| ( 　　　 ) | ( 　　　 ) | | |
| 支 払 利 息 | 8,210 | | |
| | ( 　　　 ) | | ( 　　　 ) |

### 設問 4

次の受取手形記入帳の記録に基づき，答案用紙に示してある日付の仕訳を行いなさい。

#### 受取手形記入帳

| 平成○年 | | 摘要 | 手形種類 | 手形番号 | 支払人 | 振出人(裏書人) | 振出日 | | 満期日 | | 支払場所 | 手形金額 | てん末 | |
|---|---|---|---|---|---|---|---|---|---|---|---|---|---|---|
| | | | | | | | 月 | 日 | 月 | 日 | | | 日付 | 摘要 |
| 11 | 3 | 売　上 | 約手 | 12 | 藤沢商店 | 藤沢商店 | 11 | 3 | 12 | 2 | 金川銀行 | 240,000 | 11/9 | 裏書譲渡 |
| | 15 | 売掛金 | 為手 | 18 | 平塚商会 | 横浜商店 | 11 | 10 | 12 | 30 | 静丘銀行 | 325,000 | 12/5 | 割　引 |

|  | 借　　　　　方 |  | 貸　　　　　方 |  |
|---|---|---|---|---|
| 11/3 | (　　　　　　) | 240,000 | (　　　　　　) | 240,000 |
| 11/9 | 買　掛　金 | 360,000 | (　　　　　　) | 240,000 |
|  |  |  | 当　座　預　金 | 120,000 |
| 11/15 | (　　　　　　) | 325,000 | (　　　　　　) | 325,000 |
| 12/5 | 当　座　預　金 | 304,000 | (　　　　　　) | 325,000 |
|  | (　　　　　　) | 21,000 |  |  |

## 設問 5

　次の決算修正事項に基づいて，精算表を完成させなさい。ただし，決算は毎年12月31日である。

【決算修正事項】
1．期末商品棚卸高は¥35,800である。なお，売上原価は「仕入」の行で計算する。
2．決算に至り，現金過不足のうち¥200は受取利息の記入漏れであることが判明したが，残額については原因が判明しなかった。
3．売買目的有価証券の決算時における時価は¥18,800である。時価法により評価替えする。
4．消耗品の期末未消費高は¥1,200である。
5．売掛金と受取手形の期末残高に対して2％の貸倒れを見積り計上する。なお，貸倒引当金は差額補充法によって設定する。
6．建物に対し定額法によって減価償却を行う。なお，この建物の耐用年数は20年，残存価額は取得原価の10％である。
7．借入金は，平成21年9月1日に借入期間6カ月，年利率3％の条件で借り入れたもので，利息は元金とともに返済時に支払うことになっている。利息については月割り計算による。
8．支払家賃の¥9,000は，毎年同じ金額を9月1日に向こう1年分支払っている。
9．当期に属する支払保険料で未だ支払われていないものが¥700ある。
10．利息の未収分が¥540ある。

精　算　表　　　　　　　　　　　（単位：円）

| 勘定科目 | 残高試算表 借方 | 残高試算表 貸方 | 修正記入 借方 | 修正記入 貸方 | 損益計算書 借方 | 損益計算書 貸方 | 貸借対照表 借方 | 貸借対照表 貸方 |
|---|---|---|---|---|---|---|---|---|
| 現　　　　金 | 12,000 | | | | | | | |
| 現 金 過 不 足 | 550 | | | | | | | |
| 当 座 預 金 | 23,660 | | | | | | | |
| 受 取 手 形 | 15,000 | | | | | | | |
| 売　掛　金 | 55,000 | | | | | | | |
| 貸 倒 引 当 金 | | 420 | | | | | | |
| 売買目的有価証券 | 20,000 | | | | | | | |
| 繰 越 商 品 | 38,000 | | | | | | | |
| 建　　　　物 | 120,000 | | | | | | | |
| 減価償却累計額 | | 16,200 | | | | | | |
| 貸　付　金 | 60,000 | | | | | | | |
| 支 払 手 形 | | 20,000 | | | | | | |
| 買　掛　金 | | 45,250 | | | | | | |
| 借　入　金 | | 30,000 | | | | | | |
| 資　本　金 | | 200,000 | | | | | | |
| 売　　　　上 | | 288,500 | | | | | | |
| 受 取 利 息 | | 4,160 | | | | | | |
| 仕　　　　入 | 205,000 | | | | | | | |
| 給　　　　料 | 33,820 | | | | | | | |
| 支 払 保 険 料 | 4,200 | | | | | | | |
| 支 払 家 賃 | 9,000 | | | | | | | |
| 消 耗 品 費 | 3,500 | | | | | | | |
| 雑　　　　費 | 1,200 | | | | | | | |
| 支 払 利 息 | 3,600 | | | | | | | |
|  | 604,530 | 604,530 | | | | | | |
| 貸倒引当金繰入 | | | | | | | | |
| 有価証券評価（　） | | | | | | | | |
| 減 価 償 却 費 | | | | | | | | |
| 雑　（　　） | | | | | | | | |
| （　　　　） | | | | | | | | |
| （　　）利　息 | | | | | | | | |
| （　　）保険料 | | | | | | | | |
| （　　）家　賃 | | | | | | | | |
| 未 収 利 息 | | | | | | | | |
| 当 期 純（　　） | | | | | | | | |

# 第19章　総合問題　　解　答

## 解答1

| | 仕　訳 | | | |
|---|---|---|---|---|
| | 借　方　科　目 | 金　額 | 貸　方　科　目 | 金　額 |
| 1 | 買　掛　金 | 380,000 | 売　掛　金 | 380,000 |
| 2 | 現　　　　金 | 15,000 | 償却債権取立益 | 15,000 |
| 3 | 売　掛　金 | 268,000 | 売　　　　上 | 250,000 |
| | | | 現　　　　金 | 18,000 |
| 4 | 仕　　　　入 | 402,000 | 前　払　金 | 120,000 |
| | | | 当　座　預　金 | 260,000 |
| | | | 現　　　　金 | 22,000 |
| 5 | 支　払　利　息 | 120,000 | 手　形　借　入　金 | 4,000,000 |
| | 当　座　預　金 | 3,880,000 | | |

1. 為替手形の振り出しの取引である。振出人は手形の債権・債務関係には関係がない。つまり，「支払手形」勘定，「受取手形」勘定は発生しないことに注意されたい。
2. 一度貸倒として処理していた債権（売掛金）が回収できたときの仕訳をたずねている。売掛金勘定はすでに減少の処理をしているので売掛金勘定を使用しないように注意していただきたい。
3. 先方負担の発送費の処理がポイントである。この場合には，「売掛金」に含めるか，「立替金」で処理しても良い。ただし，「立替金」勘定は使用できないので，ここでは「売掛金」で処理する。
4. 先に支払っていた内金は「前払金」勘定で処理している。引取運賃は仕入高に含めることに注意する。
5. この取引は単なる金銭の借り入れではない。「手形を振り出して」とあるから，「手形借入金」とする。利息は次のようにして計算する。

$$¥4,000,000 \times 4\% \times \frac{9カ月}{12カ月} = 120,000円$$

## 解答2

1.

Y商品　　　　　　　　　商　品　有　高　帳　　　　　　　　（単位：個，円）

| 平成 ○年 | | 摘　要 | 受　入 | | | 引　渡 | | | 残　高 | | |
|---|---|---|---|---|---|---|---|---|---|---|---|
| | | | 数量 | 単価 | 金額 | 数量 | 単価 | 金額 | 数量 | 単価 | 金額 |
| 2 | 1 | 繰　越 | 300 | 210 | 63,000 | | | | 300 | 210 | 63,000 |
| | 8 | 仕　入 | 700 | 220 | 154,000 | | | | 1,000 | 217 | 217,000 |
| | 12 | 売　上 | | | | 600 | 217 | 130,200 | 400 | 217 | 86,800 |
| | 20 | 仕　入 | 800 | 223 | 178,400 | | | | 1,200 | 221 | 265,200 |
| | 25 | 売　上 | | | | 500 | 221 | 110,500 | 700 | 221 | 154,700 |

商品仕入に伴う諸費用（仕入諸掛）は仕入原価に加算することを忘れずに。

たとえば，2/8の仕入原価は次のようにして計算する。

　　　商品の仕入代金　　　700個×@208円＝¥145,600
　　　仕入諸掛　　　　　　　　　　　　　　　8,400
　　　合計：商品の仕入原価　　　　　　　　¥154,000

残高の平均単価は次のように¥217となる。

　　　300個×@¥210＝　¥63,000
　　　700個　　　　　　154,000
　　　1,000個　@¥217　¥217,000

2.

Y商品の2月中における損益計算

　売　上　高　　¥　289,560
　売　上　原　価　¥　240,700
　売上総利益　　¥　　48,860

売上帳の値引きは売上原価の計算には関係ないので（売上高を計算するときには関係する），商品有高帳には記載しない。つまり，質問1の「引渡欄」の金額を合計すれば，売上原価となる。

売上高の計算は，売上帳の金額を合計する（もちろん値引額は控除する）。

　　売　上　高　　¥159,000＋¥136,000－¥5,440＝¥289,560
　　売上原価　　¥130,200＋¥110,500　　　　　＝¥240,700

## 解答3

残 高 試 算 表
平成○年3月31日

| | | | | |
|---|---:|---|---|---:|
| 現　　　　金 | ( 61,380 ) | | 支　払　手　形 | ( 183,000 ) |
| 小　口　現　金 | ( 50,000 ) | | 買　　掛　　金 | ( 184,600 ) |
| 当　座　預　金 | ( 157,050 ) | | ( 未　払　金 ) | ( 20,000 ) |
| 受　取　手　形 | ( 163,000 ) | | 預　　り　　金 | ( 23,600 ) |
| 売　　掛　　金 | ( 296,400 ) | | 借　　入　　金 | 200,000 |
| 繰　越　商　品 | 85,000 | | 資　　本　　金 | 500,000 |
| ( 前　払　金 ) | ( 24,000 ) | | 売　　　　上 | ( 1,660,130 ) |
| 備　　　　品 | ( 50,000 ) | | | |
| 建　　　　物 | 350,000 | | | |
| 仕　　　　入 | ( 923,800 ) | | | |
| 給　　　　料 | ( 461,800 ) | | | |
| 発　送　費 | ( 55,600 ) | | | |
| 交　通　費 | ( 34,510 ) | | | |
| 通　信　費 | ( 29,330 ) | | | |
| 消　耗　品　費 | ( 11,750 ) | | | |
| 雑　　　　費 | ( 7,250 ) | | | |
| ( 手形売却損 ) | ( 2,250 ) | | | |
| 支　払　利　息 | 8,210 | | | |
| | ( 2,771,330 ) | | | ( 2,771,330 ) |

3月中の取引の仕訳と勘定記入は次のとおりである。

仕訳：

| | | | | | | |
|---|---|---|---:|---|---|---:|
| 3月1日 | （借）小 口 現 金 | 50,000 | （貸）当 座 預 金 | 50,000 |
| 2日 | （借）備　　　品 | 50,000 | （貸）当 座 預 金 | 30,000 |
| | | | 未 払 金 | 20,000 |
| 5日 | （借）現　　　金 | 150,000 | （貸）売　　　上 | 285,000 |
| | 売 掛 金 | 135,000 | 現　　　金 | 17,200 |
| | 発 送 費 | 17,200 | | |
| | または | | | |
| | （借）現　　　金 | 132,800 | （貸）売　　　上 | 285,000 |
| | 売 掛 金 | 135,000 | | |
| | 発 送 費 | 17,200 | | |
| 6日 | （借）前 払 金 | 24,000 | （貸）現　　　金 | 24,000 |
| 9日 | （借）仕　　　入 | 202,000 | （貸）受 取 手 形 | 80,000 |
| | | | 買 掛 金 | 100,000 |
| | | | 現　　　金 | 22,000 |

| | | | | | | | |
|---|---|---|---|---|---|---|---|
| 10日 | （借） | 預 り 金 | 25,420 | （貸） | 現　　金 | 25,420 | |
| 15日 | （借） | 受取手形 | 120,000 | （貸） | 売 掛 金 | 120,000 | |
| 17日 | （借） | 手形売却損 | 2,250 | （貸） | 受取手形 | 85,000 | |
| | | 当座預金 | 82,750 | | | | |
| 21日 | （借） | 買 掛 金 | 110,000 | （貸） | 支払手形 | 110,000 | |
| 23日 | （借） | 受取手形 | 100,000 | （貸） | 売　　上 | 145,000 | |
| | | 売 掛 金 | 45,000 | | | | |
| 25日 | （借） | 給　　料 | 175,600 | （貸） | 預 り 金 | 23,600 | |
| | | | | | 現　　金 | 152,000 | |
| 26日 | （借） | 支払手形 | 50,000 | （貸） | 当座預金 | 50,000 | |
| 31日 | （借） | 交 通 費 | 18,890 | （貸） | 当座預金 | 45,700 | |
| | | 通 信 費 | 15,450 | | | | |
| | | 消耗品費 | 6,540 | | | | |
| | | 雑　　費 | 4,820 | | | | |

勘定記入：太字の勘定科目は新しく設定した勘定である。

現　　金

| | | | | |
|---|---|---|---|---|
| | | 152,000 | 3/ 5 | 17,200 |
| 3/5 | | 150,000 | 6 | 24,000 |
| | | | 9 | 22,000 |
| | | | 10 | 25,420 |
| | | | 25 | 152,000 |

当座預金

| | | | | |
|---|---|---|---|---|
| | | 250,000 | 3/1 | 50,000 |
| 3/17 | | 82,750 | 2 | 30,000 |
| | | | 26 | 50,000 |
| | | | 31 | 45,700 |

受取手形

| | | | | |
|---|---|---|---|---|
| | | 108,000 | 3/ 9 | 80,000 |
| 3/15 | | 120,000 | 17 | 85,000 |
| 23 | | 100,000 | | |

小口現金

| | | |
|---|---|---|
| 3/1 | 50,000 | |

前払金

| | | |
|---|---|---|
| 3/6 | 24,000 | |

売掛金

| | | | | |
|---|---|---|---|---|
| | | 236,400 | 3/15 | 120,000 |
| 3/5 | | 135,000 | | |
| 23 | | 45,000 | | |

繰越商品

| | | |
|---|---|---|
| | 85,000 | |

建物

| | | |
|---|---|---|
| | 350,000 | |

備品

| | | |
|---|---|---|
| 3/2 | 50,000 | |

借入金

| | | |
|---|---|---|
| | | 200,000 |

支払手形

| | | | | |
|---|---|---|---|---|
| 3/26 | 50,000 | | | 123,000 |
| | | | 3/21 | 110,000 |

買掛金

| | | | | |
|---|---|---|---|---|
| 3/21 | 110,000 | | | 194,600 |
| | | | 3/9 | 100,000 |

|  | 預 り 金 |  |  |
|---|---|---|---|
| 3/10 | 25,420 |  | 25,420 |
|  |  | 3/25 | 23,600 |

|  | 資 本 金 |  |  |
|---|---|---|---|
|  |  |  | 500,000 |

|  | 仕 入 |  |  |
|---|---|---|---|
|  | 721,800 |  |  |
| 3/9 | 202,000 |  |  |

|  | 給 料 |  |  |
|---|---|---|---|
|  | 286,200 |  |  |
| 3/25 | 175,600 |  |  |

|  | 交 通 費 |  |  |
|---|---|---|---|
|  | 15,620 |  |  |
| 3/31 | 18,890 |  |  |

|  | 消 耗 品 費 |  |  |
|---|---|---|---|
|  | 5,210 |  |  |
| 3/31 | 6,540 |  |  |

|  | 支 払 利 息 |  |  |
|---|---|---|---|
|  | 8,210 |  |  |

|  | 未 払 金 |  |  |
|---|---|---|---|
|  |  | 3/2 | 20,000 |

|  | 売 上 |  |  |
|---|---|---|---|
|  |  |  | 1,230,130 |
|  |  | 3/5 | 285,000 |
|  |  | 23 | 145,000 |

|  | 発 送 費 |  |  |
|---|---|---|---|
|  | 38,400 |  |  |
| 3/5 | 17,200 |  |  |

|  | 通 信 費 |  |  |
|---|---|---|---|
|  | 13,880 |  |  |
| 3/31 | 15,450 |  |  |

|  | 雑 費 |  |  |
|---|---|---|---|
|  | 2,430 |  |  |
| 3/31 | 4,820 |  |  |

|  | 手 形 売 却 損 |  |  |
|---|---|---|---|
| 3/17 | 2,250 |  |  |

## 解答4

|  | 借 方 |  | 貸 方 |  |
|---|---|---|---|---|
| 11/3 | （ 受 取 手 形 ） | 240,000 | （ 売　　　上 ） | 240,000 |
| 11/9 | 買　掛　金 | 360,000 | （ 受 取 手 形 ） | 240,000 |
|  |  |  | 当 座 預 金 | 120,000 |
| 11/15 | （ 受 取 手 形 ） | 325,000 | 売　掛　金 | 325,000 |
| 12/5 | 当 座 預 金 | 304,000 | （ 受 取 手 形 ） | 325,000 |
|  | （ 手 形 売 却 損 ） | 21,000 |  |  |

　この問題は，過去問題を一部修正して出題したものである。受取手形記入帳に記入されているということは，仕訳では借方か貸方に現れることを意味している。摘要欄は受取手形勘定が増加するときの相手勘定科目になる。てん末欄は受取手形勘定が減少するときの理由を指している。

　受取記入帳の記入と答案用紙から取引を推定してみると次のようになる。

　11/ 3　藤沢商店に商品を売り上げ，代金￥240,000は藤沢商店振り出しの約束手形で受け取った。

11/ 9 買掛金¥360,000の支払に際して，藤沢商店から受け取っていた約束手形¥240,000を裏書譲渡し，残額は小切手を振り出して支払った。
11/15 売掛金¥325,000の回収として，為替手形を受け取った。
12/ 5 手持ちの為替手形¥325,000を銀行で割り引き，割引料¥21,000を差し引かれ，手取金は当座預金とした。

## 解答5

精算表 （単位：円）

| 勘定科目 | 残高試算表 借方 | 残高試算表 貸方 | 修正記入 借方 | 修正記入 貸方 | 損益計算書 借方 | 損益計算書 貸方 | 貸借対照表 借方 | 貸借対照表 貸方 |
|---|---|---|---|---|---|---|---|---|
| 現　　　　　金 | 12,000 | | | | | | 12,000 | |
| 現 金 過 不 足 | 550 | | 200 | 750 | | | | |
| 当 座 預 金 | 23,660 | | | | | | 23,660 | |
| 受 取 手 形 | 15,000 | | | | | | 15,000 | |
| 売 　掛　 金 | 55,000 | | | | | | 55,000 | |
| 貸 倒 引 当 金 | | 420 | | 980 | | | | 1,400 |
| 売買目的有価証券 | 20,000 | | | 1,200 | | | 18,800 | |
| 繰 越 商 品 | 38,000 | | 35,800 | 38,000 | | | 35,800 | |
| 建　　　　　物 | 120,000 | | | | | | 120,000 | |
| 減価償却累計額 | | 16,200 | | 5,400 | | | | 21,600 |
| 貸 　付　 金 | 60,000 | | | | | | 60,000 | |
| 支 払 手 形 | | 20,000 | | | | | | 20,000 |
| 買 　掛　 金 | | 45,250 | | | | | | 45,250 |
| 借 　入　 金 | | 30,000 | | | | | | 30,000 |
| 資 　本　 金 | | 200,000 | | | | | | 200,000 |
| 売　　　　　上 | | 288,500 | | | | 288,500 | | |
| 受 取 利 息 | | 4,160 | | 740 | | 4,900 | | |
| 仕　　　　　入 | 205,000 | | 38,000 | 35,800 | 207,200 | | | |
| 給　　　　　料 | 33,820 | | | | 33,820 | | | |
| 支 払 保 険 料 | 4,200 | | 700 | | 4,900 | | | |
| 支 払 家 賃 | 9,000 | | | 3,600 | 5,400 | | | |
| 消 耗 品 費 | 3,500 | | | 1,200 | 2,300 | | | |
| 雑　　　　　費 | 1,200 | | | | 1,200 | | | |
| 支 払 利 息 | 3,600 | | 300 | | 3,900 | | | |
| | 604,530 | 604,530 | | | | | | |
| 貸倒引当金繰入 | | | 980 | | 980 | | | |
| 有価証券評価（損） | | | 1,200 | | 1,200 | | | |
| 減 価 償 却 費 | | | 5,400 | | 5,400 | | | |
| 雑　（　損　） | | | 750 | | 750 | | | |
| （消 耗 品） | | | 1,200 | | | | 1,200 | |
| （未 払）利 息 | | | | 300 | | | | 300 |
| （未 払）保険料 | | | | 700 | | | | 700 |
| （前 払）家 賃 | | | 3,600 | | | | 3,600 | |
| 未 収 利 息 | | | 540 | | | | 540 | |
| 当期純（利益） | | | | | 26,350 | | | 26,350 |
| | | | 88,670 | 88,670 | 293,400 | 293,400 | 345,600 | 345,600 |

決算修正仕訳を示せば，次のようになる。

1. (借) 仕　　　　　入　　38,000　　(貸) 繰　越　商　品　　38,000
   (借) 繰　越　商　品　　35,800　　(貸) 仕　　　　　入　　35,800
   その結果，売上原価は￥207,200となる。
2. (借) 現　金　過　不　足　　200　　(貸) 受　取　利　息　　200
   (借) 雑　　　　　損　　750　　(貸) 現　金　過　不　足　　750
3. (借) 有価証券評価損　　1,200　　(貸) 売買目的有価証券　　1,200
4. (借) 消　　耗　　品　　1,200　　(貸) 消　耗　品　費　　1,200
5. (借) 貸倒引当金繰入　　980　　(貸) 貸　倒　引　当　金　　980
   (￥15,000＋￥55,000)×2％＝￥1,400
   繰入額　￥1,400－￥420＝￥980
6. (借) 減　価　償　却　費　　5,400　　(貸) 減価償却累計額　　5,400
   $$\frac{￥120,000－￥120,000×10\%}{20年}＝￥5,400$$

7. 費用の見越し計上である。期間の経過した4カ月分の利息を計上する。
   (借) 支　払　利　息　　300　　(貸) 未　払　利　息　　300
   ￥30,000×3％×4カ月／12カ月＝￥300
8. 費用の繰り延べである。支払家賃の￥9,000は20カ月分であることに注意する。したがって，1カ月分は￥450であるから，まだ期間の経過していない8カ月分を繰り延べることになる。
   (借) 前　払　家　賃　　3,600　　(貸) 支　払　家　賃　　3,600
9. (借) 支　払　保　険　料　　700　　(貸) 未　払　保　険　料　　700
10. (借) 未　収　利　息　　540　　(貸) 受　取　利　息　　540

《著者紹介》

志村　正（しむら・ただし）　担当章：第1, 7～11, 19章
　1980年　慶応義塾大学大学院商学研究科博士課程　単位取得退学
　1980年　創価大学経営学部専任講師，助教授を経て
　現　在　文教大学経営学部教授
　［主要著書］
　　『Excelで学ぶ会計情報の作成と分析（第四版）』創成社，2013年。
　　『原価計算』創成社，2015年。
　　『企業価値創造の管理会計』（櫻井通晴，伊藤和憲編著）同文舘出版，2007年。

石田晴美（いしだ・はるみ）　担当章：第12～18章
　1992年　公認会計士第3次試験合格
　2005年　横浜国立大学大学院国際社会科学研究科修了，博士（経営学）
　2005年　文教大学情報学部専任講師を経て
　現　在　文教大学経営学部准教授，公認会計士
　［主要著書］
　　『地方自治体会計改革論』森山書店，2006年（第35回日本公認会計士協会学術賞）。

新井立夫（あらい・たつお）　担当章：第2～6章
　1982年　名古屋商科大学商学部卒
　2007年　文教大学情報学部専任講師を経て
　現　在　文教大学経営学部准教授
　［主要著書］
　　『進路アドバイザーのための基礎知識2015―進路アドバイザー検定公式テキスト―』
　　　大学新聞社，2015年。
　　『教員採用のカラクリ「高人気」職のドタバタ受験事情』中央公論新社，2013年。
　　『バカ学生に誰がした？　進路指導教員のぶっちゃけ話』中央公論新社，2013年。

（検印省略）

2010年 5月20日　初版発行
2015年11月20日　改訂版発行　　　　　　　　　　　　　　略称―簿記トレ

## 簿記トレーニング［改訂版］

著　者　志村　正・石田晴美・新井立夫
発行者　塚　田　尚　寛

発行所　東京都文京区　　　　株式会社　創　成　社
　　　　春日2-13-1
　　　　電　話　03（3868）3867　　FAX 03（5802）6802
　　　　出版部　03（3868）3857　　FAX 03（5802）6801
　　　　http://www.books-sosei.com　振　替　00150-9-191261

定価はカバーに表示してあります。

©2010, 2015 Tadashi Shimura, Harumi Ishida,　　組版：サンライズ　印刷：平河工業社
　　　　　　　Tatsuo Arai　　　　　　　　　　　　製本：宮製本所
ISBN978-4-7944-1497-7 C3034　　　　　　　　　　落丁・乱丁本はお取り替えいたします。
Printed in Japan

―――――――――――――― 簿 記・会 計 選 書 ――――――――――――――

|  |  |  |
|---|---|---|
| 簿 記 ト レ ー ニ ン グ | 志村　正・石田晴美　　著<br>新井立夫 | 1,800円 |
| 簿 　 記 　 基 　 本 　 書 | 志　村　　　正　著 | 2,000円 |
| 企 　 業 　 簿 　 記 　 論 | 森　・長吉・浅野　　著<br>石川・蒋　・関 | 3,000円 |
| 監 査 入 門 ゼ ミ ナ ー ル | 長 吉 眞 一　　著<br>異 島 須 賀 子 | 2,200円 |
| 簿 記 入 門 ゼ ミ ナ ー ル | 山　下　寿　文　編著 | 1,800円 |
| 会 計 入 門 ゼ ミ ナ ー ル | 山　下　寿　文　編著 | 2,900円 |
| 管 理 会 計 入 門 ゼ ミ ナ ー ル | 高　梠　真　一　編著 | 2,000円 |
| 入 　 　 門 　 　 簿 　 　 記 | 倉茂・市村・臼田　　著<br>布川・狩野 | 2,200円 |
| イ ン ト ロ ダ ク シ ョ ン 簿 記 | 大野・大塚・徳田　　著<br>船越・本所・増子 | 2,200円 |
| 新 版 　 複 式 簿 記 入 門 | 安　國　　　一　編著 | 2,700円 |
| 簿 　 記 　 の 　 技 　 法 | 久　木　田　重　和　編著 | 1,600円 |
| 簿 　 　 記 　 　 教 　 　 本 | 寺　坪　　　修　　著<br>井出健二・小山　登 | 1,800円 |
| 全 経 3 級 簿 記 問 題 集 | 山　本　孝　夫　編<br>前　川　邦　生 | 1,200円 |
| 演 　 習 　 工 　 業 　 簿 　 記 | 前　川　邦　生　監修 | 1,800円 |
| 新 簿 記 入 門 ゼ ミ ナ ー ル | 山　下　壽　文　　著<br>日野修造・井上善文 | 1,900円 |
| ズバッと解決！ 日商簿記検定3級商業<br>簿記テキスト－これで理解ばっちり－ | 田邉　正・矢島　正　著 | 1,500円 |
| 厳選　簿記3級問題集〈徹底分析〉 | く ま た か 　 優　著 | 1,200円 |
| 明 　 解 　 簿 　 記 　 講 　 義 | 塩　原　一　朗　編著 | 2,400円 |
| 入 　 門 　 商 　 業 　 簿 　 記 | 片　山　　　覚　監修 | 2,400円 |
| 中 　 級 　 商 　 業 　 簿 　 記 | 片　山　　　覚　監修 | 2,200円 |
| 入 門 ア カ ウ ン テ ィ ン グ | 鎌　田　信　夫　編著 | 3,200円 |
| 簿 記 シ ス テ ム 基 礎 論 | 倍　　　和　博　著 | 2,900円 |
| 簿 記 シ ス テ ム 基 礎 演 習 | 倍　　　和　博　編著 | 1,500円 |

（本体価格）

―――――――――――――― 創 成 社 ――――――――――――――